O Projeto Midas

Eduardo Müssnich Barreto

*Dedicado aos brasileiros que,
em ingênua boa fé,
utilizam aparelhos de telefone, fax ou computadores.*

Projeto Midas
Copyright © 2002 da Editora Alta Books Ltda.

Todos os direitos reservados e protegidos pela Lei 5988 de 14/12/73. Nenhuma parte deste livro, sem autorização prévia por escrito da editora, poderá ser reproduzida ou transmitida sejam quais forem os meios empregados: eletrônico, mecânico, fotográfico, gravação ou quaisquer outros.

Todo o esforço foi feito para fornecer a mais completa e adequada informação, contudo a(s) editora(s) e o(s) autor(es) não assumem responsabilidade pelos resultados e usos da informação fornecida. Recomendamos aos leitores testar a informação bem como tomar todos os cuidados necessários (como o backup), antes da efetiva utilização. Este livro **não** contém CD-ROM, disquete ou qualquer outra mídia.

Gerente Editorial
Anderson Silva

Revisão
Gláucia Regina Almeida
Gelson Felipe

Produção Editorial
Editora Alta Books

Impresso no Brasil
ISBN: 85-88745-38
(02-07-01-01)

O código de propriedade intelectual de 1º de Julho de 1992 proíbe expressamente o uso coletivo sem autorização dos detentores do direito autoral da obra bem como a cópia ilegal do original. Esta prática generalizada nos estabelecimentos de ensino provocam uma brutal baixa nas vendas dos livros ao ponto de impossibilitar aos autores de criarem novas obras

Erratas e atualizações: Sempre nos esforçamos para entregar a você leitor um livro livre de erros técnicos ou de conteúdo, porém nem sempre isto é conseguido, seja por motivo de alteração de software, interpretação ou mesmo quando alguns deslizes constam na versão original de alguns livros que traduzimos. Sendo assim criamos em nosso site a seção Erratas no site www.altabooks.com.br, onde se algum erro for encontrado em nossos livros, este será relato com a devida correção.

EDITORA ALTA BOOKS

Av. Nilo Peçanha, 151 – Sala 507 a 510
Castelo – 20020-100 - Rio de Janeiro – RJ
WWW.ALTABOOKS.COM.BR

Sumário

Introdução V

Parte 1 1

Capítulo 1 – Madrugada de sábado 3

Capítulo 2 – Águas de outubro 7

Capítulo 3 – Investigação 13

Capítulo 4 – No quintal 17

Capítulo 5 – Projetos de vida 21

Parte 2 27

Capítulo 6 – A esperança não vive para sempre 29

Capítulo 7 – Laptops não são para sempre 33

Capítulo 8 – Nova realidade 39

Capítulo 9 – Cultura e ficção 47

Capítulo 10 – Riscos vs. Benefícios 53

Capítulo 11 – Fax, lixo e crimes 57

Capítulo 12 – Estranhos caminhos, os desses dados 63

Capítulo 13 – Protegendo informações 67

Parte 3 75

Capítulo 14 – Brincadeira de criança 77

Capítulo 15 – Consultores 81

Capítulo 16 – Inteligência competitiva 87

Capítulo 17 – Secretárias 93

Capítulo 18 – Interesses têm limites 97

Capítulo 19 – Patentes 105

Parte 4...**111**

Capítulo 20 – Aposte no azar, para ganhar...113

Capítulo 21 – Analizando riscos 117

Capítulo 22 – Criptografia...121

Capítulo 23 – Sistemas simétricos..129

Capítulo 24 – Assinaturas digitais..135

Parte 5...**141**

Capítulo 25 – SSL 143

Capítulo 26 – Existe criptografia com boa qualidade?......................151

Capítulo 27 – Meninos e a Internet 155

Capítulo 28 – Unicórnio..161

Capítulo 29 – Toque de Midas 165

Capítulo 30 – A queda de Tróia 169

Capítulo 31 – O convite..173

Capítulo 32 – 177

Introdução

O Projeto Midas

A proposta de redigir um livro abordando o fascinante tema "Segurança da Informação" surgiu após dezenas de palestras proferidas sobre o assunto em congressos, convenções e organizações privadas e governamentais nacionais ao longo da década de 1990. Durante cada um daqueles eventos, eu tinha o cuidado de identificar a natureza do público presente e, para minha surpresa — cada vez menor —, o perfil era basicamente técnico. Eram analistas de sistemas, programadores, estudantes e até mesmo curiosos, ávidos por informações acerca do mundo das fraudes e dos acessos não autorizados a dados bancários, governamentais e empresariais. O público-alvo que eu ali aguardava, a quem eu realmente desejava transmitir minha mensagem sobre o tema "Segurança da Informação", era o executivo, o diretor de alguma coisa, o tomador de decisões, o manda-chuva... Mas esses davam sempre um jeito de escapar. Sob o pretexto de algo mais importante a resolver, deixavam de comparecer e ouvir meus cautelosos alertas.

O fato é que eles tinham, e têm, toda razão... porque, apesar de a informação ser o bem mais valioso e crítico da atualidade, a competição ainda é a atividade mais vital nas organizações. Elas têm de sobreviver, cumprir missões e auferir lucros, atendendo e fidelizando seus clientes da melhor — e menos dispendiosa — forma possível. Resta, portanto, à tal segurança da informação, ficar em honroso segundo plano. Mas começamos também a observar que, em nosso Brasil, ela se situa bem além do segundo plano, talvez em oitavo, ou décimo... quem sabe? Talvez os orçamentos dessas organizações possam responder.

Passei bem uns seis meses escrevendo um livro sobre Segurança da Informação. A idéia era explicar, em linguagem razoavelmente direta, como este processo funciona e onde estão as armadilhas mais perigosas para quem lida com informações importantes. A minha intenção última era defender nossos interesses brasileiros, imersos em uma cultura não acostumada a dar atenção à privacidade, ao valor da informação e à preservação dos segredos institucionais.

Há um fato que gerou esta iniciativa. Aconteceu em fins de 1996, durante o gelado inverno do hemisfério norte, em uma das muitas convenções internacionais que acontecem todos os anos sobre Segurança de Computadores. Em um auditório, com pouco menos de duzentas pessoas, podíamos conversar pelo telefone com uma meia-dúzia de hackers — anônimos — que se haviam voluntariado para aquele bate-papo. A conversa durou mais de uma hora; podíamos fazer perguntas em um microfone e a resposta era ouvida em alto-falantes, por todos no auditório. Dava para atestar serem mesmo hackers, tal a displicência e a infantilidade do diálogo. Para quem não sabe, hackers são (normalmente) aqueles jovens que têm, à sua inteira disposição, um computador e tempo — muuuito tempo de sobra —, e saem tentando conectar seus computadores com os dos bancos, empresas e órgãos do governo para ver o que tem dentro, com o objetivo de alterar dados, alcançar prestígio junto aos demais hackers ou, até mesmo, obter dinheiro com as informações obtidas.

---

[1] *Computadores interligados formam uma rede que possibilita a troca de informações entre eles. A interligação pode ser feita por fios metálicos, cabos óticos ou ondas de rádio. A maior rede do mundo chama-se Internet, e nela podemos obter informações, trocar mensagens e fazer compras.*

Introdução

Eis que alguém da platéia pegou o microfone e perguntou "Como é que vocês hackers vêem o mundo, já que a Internet[1] não tem fronteiras?" Seguiu-se uma resposta preciosa, uns dois minutos de nada aproveitável, até que um deles disse "...ora, se os Estados Unidos e outros países bem preparados têm dificuldades em nos segurar, imagine Cuba, ou Chile ou algum outro lugar..." Um outro hacker cortou a fala do colega e acrescentou "Não esqueça o Brasil..." e um terceiro hacker confirmou... "É, o Brasil, definitivamente...(risinhos ao fundo, dos demais hackers)". Alguém já me disse que isso aconteceu em 1996, e que as coisas hoje devem estar diferentes. Pode ser, mas a minha leitura daquele fato não era a de uma deficiência técnica nas questões que envolvem segurança de dados, mas a de um imenso despreparo cultural nosso, do tamanho do Brasil, em lidar de forma segura com a informação, que acontece ser — olhe a falta de sorte — o elemento mais importante no competitivo mundo do século XXI.

Meu livro estava 80% pronto quando me dei conta de que eu mesmo o achava chato de ler; técnico demais, com definições detalhadas sobre coisas que estão sob freqüente mudança no mundo da Internet e da informática: o trabalho corria risco de rápida desatualização. Em Marketing, aprendemos que as pessoas não recomendam livros aborrecidos aos amigos; e, muito menos, aos inimigos... O tal "livro", ainda em disquete, ocupa 1288 Kilobytes (mais a cópia de segurança, claro) e eu diria que é até um bom texto, mas... talvez para um público técnico.

Definitivamente, outra era minha intenção original... Pretendia, isso sim, alertar líderes e empreendedores brasileiros — aquelas pessoas capazes de mudar as coisas ao decidir ou assessorar sobre prioridades, estratégias, projetos e investimentos — para ameaças contra a nossa competitividade, a legítima, brasileira. A empresa que não percebe o valor do trato seguro da sua informação estratégica perde competitividade. E cada vez que uma empresa brasileira perde competitividade, o Brasil também a perde. A importância de um país em um cenário globalizado, como o em que sobrevivemos, é medida por sua capacidade de competir nos níveis estratégico, social e econômico, nos campos da iniciativa, da criatividade, da inovação e da tecnologia, não necessariamente nesta ordem de importância.

O papel da capacidade tecnológica é fundamental. Numa definição breve, "tecnologia é a realização da possibilidade" (a frase não é minha, mas deixo meus cumprimentos ao seu autor). Mas há que haver uma seqüência de fatos e condições anteriores que a visualizem e viabilizem. Após, o processo de desenvolvimento tecnológico torna-se mais fácil e simples, quase automático.

Se o desenvolvimento de uma tecnologia em um mundo globalizado é considerado um processo difícil, então não seria mais difícil, ainda, nele sobreviver sem possuí-la?

Resolvi, então, começar de novo, agora de uma forma convenientemente mais difícil e narrar um caso hipotético onde ocorrem ameaças a um ambiente de inovação tecnológica, e onde qualquer semelhança com fatos, pessoas e empresas da vida real são frutos da minha pura imaginação. Alerto, entretanto, que todos os fundamentos técnicos para as vulnerabilidades e ameaças aos sistemas de informações aqui descritas são bastante reais.

O Projeto Midas

Trata-se de uma reunião sistematizada de fatos e técnicas atuais sobre Segurança da Informação, amplamente acessíveis ao público. Todos os fatos históricos e métodos de espionagem foram recolhidos na Internet. Da mesma forma, as ferramentas de invasão e de monitoramento citadas acham-se descritas e disponíveis na grande rede, em muitos casos gratuitamente. Os endereços de Internet não estão assinalados porque busco um objetivo específico: o da simples, mas importantíssima, conscientização.

O tal caso hipotético está, neste instante, em suas mãos, na forma de uma história simples e despretensiosa, mas suficientemente demonstrativa da periculosidade e do profissionalismo daqueles que atuam no complexo jogo invisível da coleta, tratamento e análise de informações para fins de posicionamento estratégico e mercadológico em ambientes competitivos. Ficará aqui, também, evidenciada a fragilidade dos sistemas computacionais em que estamos depositando todas as nossas fichas... e informações.

Ao final da leitura, terá o leitor um novo poder: o de aperfeiçoar nossa cultura mediante uma nova postura quanto ao valor da informação e da indiscutível necessidade da sua proteção... o novo poder de aprimorar o País onde nossos filhos nascem, estudam, constituem família, buscam emprego, trabalham localmente enquanto competem globalmente, e onde pretendem viver ¾ e assim gostaríamos que conseguissem ¾ felizes para sempre. No século XXI, essas coisas estão reservadas aos cidadãos dos países competitivos.

Por vezes, haverá a sensação de que alguns assuntos estarem sendo revisitados sob novo formato. Isto é intencional. A visão de um objeto sob ângulos diferentes nos dá a sensação de sua terceira dimensão, além do que a confirmação de um fato faz parte do processo de aquisição de conhecimento.

Boa leitura.

Parte 1

Capítulo 1

O Projeto Midas

Luciano preferiu deixar as luzes do escritório apagadas e permitir a adaptação dos olhos à escuridão da noite. Tateou a mesa silenciosamente, pressionou a minúscula tecla que ligava o computador e olhou para o quintal pela vidraça.

Uma névoa baixa refletia uma claridade branca sobre a piscina azul e quieta. Eram as últimas luzes do final da madrugada de sábado em Brasília. A calçada de pedra amarelada extraída em Pirenópolis, pequena cidade a duas horas de carro em direção ao poente, também estava clara, quase branca pelos contrastes da noite. O resto estava negro, sem quaisquer tons de cinza. Árvores, flores, sombras, grama... tudo negro.

O laptop[1] soltou um zunido agudo e disparou o disco rígido, emitindo estalos abafados. Uma pequena luz verde, refletida na vidraça, piscava à direita do campo de visão de Luciano, que continuava a fitar a escuridão. Passara-lhe pela mente buscar o roupão, para melhor enfrentar o frio da madrugada. Mas temia acordar Helena.

Sim, havia ali paz suficiente para concluir a apresentação que faria na segunda-feira. Finalmente, o trabalho terminaria... e a insônia crônica que o acometia há duas semanas deveria cessar em breve. A Patmo Química finalmente concluíra o seu mais recente projeto, e Luciano, em retribuição ao seu trabalho de liderança no processo de pesquisa e desenvolvimento, tiraria suas necessárias férias, já acumuladas há três anos.

Uma sombra, tão escura quanto as demais, pareceu mover-se no canto esquerdo do deck da piscina. Deslizou silenciosamente em direção às árvores, seguida de outra, menos ágil. Os olhos de Luciano buscaram distinguir os vultos. Sem latir, e sem notar sua presença no escritório, os dois cachorros uniram-se às outras sombras.

O laptop estava quieto demais. Luciano aproximou-se da mesa e notou que havia travado. Desligou e religou o equipamento, enquanto garantia a si próprio que computadores não eram confiáveis. Seu trabalho na Patmo era quase integralmente apoiado nessas máquinas, e havia diversos casos na firma envolvendo perdas de dados, de tempo e até suspeitas de fraudes nos sistemas. A Patmo Química, em sua opinião — muito reservada, claro —, tinha um sistema de informações extremamente vulnerável, o que a tornava também vulnerável.

Luciano deu três passos até a vidraça da porta e expeliu o ar quente dos pulmões diretamente sobre o vidro gelado. Pôde notar as manchas dos dedos das crianças impressas na superfície. Uma sombra estacionou próximo à linha do gramado. Era mais profunda, escura e indistinguível que as demais. Deslocou-se mais dois passos e parou a dez metros da vidraça do escritório. O vulto girou sobre os pés, como que olhando para as árvores.

---

[1] Laptops são computadores portáteis que se abrem como uma maleta executiva. Na parte de baixo, a que fica sobre o colo (lap, em inglês) está o teclado; na parte que se abre para cima fica a tela. Os laptops são cada vez mais usados por executivos e constituem hoje um problema de segurança, uma vez que são muito visados por ladrões e, quando furtados, levam consigo todas as informações neles armazenadas. A perda de tais informações, na maioria das vezes, é crítica para as organizações.

Madrugada de sábado

Os cachorros latiram. Talvez houvessem percebido o intruso. Luciano imaginou que estaria seguro enquanto permanecesse imóvel na penumbra do escritório.

O laptop soltou um breve apito, avisando estar pronto, e um clarão azul, proveniente da tela, preencheu o escritório. Surpreendido pela luz, o vulto virou de frente para Luciano e agachou-se.

Luciano pensou em afastar-se da vidraça, sair do escritório... e buscar a segurança do corredor. Ouviu um estalo seco e pensou ter visto um pequeno clarão... O vulto estava armado e atirara contra a vidraça. Protegendo-se, Luciano jogou-se ao chão, mesmo sabendo que continuaria vulnerável. Sua melhor opção seria sair do escritório. Pensou em rastejar até a porta... Que a criminalidade em Brasília crescia vertiginosamente nos últimos tempos... Que precisava desligar o computador para escurecer o escritório... Talvez puxar o fio da tomada... Não, o laptop funcionava com bateria... Onde estariam os cachorros? Provavelmente eram dois ou mais ladrões. Era assim que costumavam agir na região. Um deles estaria distraindo ou dopando os animais. As costas lhe doíam... Deitado de bruços sobre o chão, ergueu a cabeça e olhou pela porta de vidro... O vulto sumira.

A vidraça refletia o teto do escritório, totalmente azulado pelo reflexo da tela do computador. Só então percebeu um pequeno círculo negro na vidraça. Era um furo... muito pequeno, feito por uma arma pequena... calibre 22, talvez. Lera em algum lugar que as 22 fazem muito estrago quando entram no corpo. Por serem pequenas e leves, adquirem alta rotação e, ao penetrarem a vítima, avançam e mudam de direção várias vezes até parar. Com isto, têm maior probabilidade de passar por um órgão vital e provocar a morte.

Decidiu rastejar até a porta do corredor, quando percebeu que o chão estava molhado. Suas narinas dilataram-se. Havia o odor de sangue. Sentiu-se tonto, mas ergueu-se e correu em direção à porta. Gritou, chamando por Helena... Iria buscar sua arma no armário do quarto...Não, a arma estava no cofre, por segurança. Ele iria reagir assim que ela e as crianças estivem seguras... Passou pelo corredor e subiu as escadas...

Acordou com a cabeça apoiada no chão molhado do escritório. Sentia-se bem, apesar do frio que lhe inundava o corpo. Percebeu que estava deitado sobre seu peito, com a cabeça voltada para a direita e a face próxima à porta de vidraça. Sentia-se lúcido, e entendeu que não se movera. Provavelmente, Helena não o ouvira porque ele não chegara a gritar. Ele apenas sonhara. Nunca chegara à porta do escritório... Talvez houvessem-se passado alguns minutos... ou, até mesmo, apenas alguns segundos.

Por baixo da porta, percebeu as sombras dos pés do vulto que se movia na varanda. Apesar da intensidade da própria respiração e do batimento acelerado, Luciano podia ouvir o ruído cristalino dos grãos de terra sendo esmagados sobre a cerâmica da varanda. Os pés se aproximavam, sem pressa.

Helena... Ele tinha que avisá-la sobre o que estava acontecendo... Gritou por ela...

— Helena!

Apenas um breve sussurro lhe saiu da boca, só a sílaba mais forte chegando-lhe ao ouvido. Deveria haver algo que pudesse fazer...

— ...Len... —, repetiu.

Houve um segundo estalo através da vidraça, e sua têmpora direita adormeceu em silêncio, desta vez sem sonhos.

Capítulo 2

Águas de outubro

> *O ócio é a mãe da filosofia.*
> Hobbes – *O Leviatã, 1651.*

— Usa uma isca menor, pai. Essas aí estão grandes demais... os peixes preferem as menores.

Rafael olhava fixamente para o anzol do pai e, assim que Lucas emitiu um meio hã-hã, voltou os olhos para a água turva e ainda ensolarada da margem sul do Lago Paranoá.

Lucas admitia entender muito pouco as preferências alimentares dos peixes e resolveu trocar a isca que acabara de preparar. Calculou que teria um ganho positivo se fisgasse um peixão, mesmo que Rafael passasse o resto do mês dizendo que o tal peixe só poderia ser resultado de seu conselho. Bem, peixões ali não existiam, nunca os vira. Talvez só gostassem mesmo de iscas grandes...

Apesar de ser engenheiro por formação, com diversos cursos de especialização em bioquímica, Lucas frustrava-se por não conseguir desenvolver um modelo satisfatório que lhe retornasse bons resultados em pescarias. Normalmente, elas terminavam com a sensação de um vazio que o obrigava a admitir que o melhor de uma pescaria é o lazer e a paz que proporciona, além do contato com a natureza. Coisas que ele teria em casa, com maior conforto. Mas os meninos adoravam pescar, e pais sempre acham que têm que fazer essas coisas, se é que se consideram bons pais.

Artur, o filho mais novo, permanecia em silêncio. Duas horas de pescaria e nada. Lucas sentiu pena dele. A vida é assim mesmo, pensou; e um menino de dez anos tem muito a aprender sobre ela, em uma atividade infrutífera de duas horas. Afinal, a vida seria quase toda assim... uma coleção de iniciativas, muitas sem resultados concretos. Rafael, por sua vez, acabara de pescar seu nono, talvez décimo, ou vigésimo peixe... ora, quem se importa?...

— Pai, eu estive pensando... Se você me adiantar a mesada dos próximos dois anos, eu poderia comprar o meu próprio computador, e assim não precisaria pedir o seu emprestado...
— Lucas começava a entender a finalidade do longo monólogo de Rafael, desde o momento em que haviam saído de casa. O menino era mesmo determinado. E obtinha bons resultados ao pescar enquanto falava; os peixes pareciam até gostar daquela conversa. Talvez fosse uma boa tática.

— Hein, pai? E eu poderia ainda limpar a piscina e lavar os carros durante todo esse período sem você precisar me pagar nada...

Lucas percorria em sua memória o caminho de seu desenvolvimento profissional nos últimos quinze anos, desde que começara a trabalhar na Patmo. Buscava compreender seu verdadeiro papel na organização e o real significado, tanto do seu recente sucesso pessoal, como dos flagrantes fracassos da empresa e sua perda de competitividade.

— Um amigo meu, o Pedro, emprestou-me um programa que identifica o IP do outro computador e instala um cliente que faz a troca do IP por outro que só o servidor conhece, e depois vai num site[1] de chat e joga uma bomba lógica no IP da vítima... — Rafael estava a toda. O pai o olhava, certo de que ele falava em português, mas não conseguia entender nada.

Lucas lembrou-se de mais um dos motivos por que queria Rafael longe de computadores. Além de perder o sono, trocando os dias pelas noites, de desorganizar seus estudos ao passar longas horas conectado à Internet, e de produzir altas contas de telefone, o adolescente tinha tudo o que era preciso para tornar-se um hacker e meter-se em confusão, ou seja, tinha tempo livre de sobra, bons conhecimentos sobre computadores, muita pertinácia e um grupo de amigos que trocava informações sobre segurança e vulnerabilidades de sistemas de informação. Não faltava nada. Um adolescente com tempo, determinação e conhecimentos medianos em computação podia causar grandes problemas em sistemas de informação. Os programas e as técnicas para isto estavam disponíveis na Internet.

Artur gritou e deu um passo para trás. A vara vergou em direção à superfície imóvel do lago e o peixe deu um pequeno salto sobre a água. Era dos grandes. Lucas identificou-se com o peixe e pensou que também não desejava recomeçar sua vida profissional aos 43 anos. Ele se debateria o quanto fosse necessário. A Patmo tinha algo que lhe pertencia: sua dedicação. Artur, finalmente, ergueu o braço, orgulhoso, segurando a linha que terminava num peixe reluzente e combativo.

Rafael passou a falar em um tom de voz mais natural que o normal, talvez para atenuar o feito do irmão menor.

— ... E esse programa tem uma janela que a gente joga um buffer grande dentro dela e ela trava o programa e mostra os dados do outro computador sem você precisar invadir. Aí você pode...

Artur devolvia lentamente o peixe à água. Lucas observara que alguns peixes retornavam rápido à segurança da água mais profunda; outros eram mais lentos, não pareciam ter pressa. Quem sabe estivessem muito traumatizados com a experiência recém vivida... ou achassem tudo aquilo muito natural. Era difícil dizer se eram mais fortes ou mais fracos que os primeiros. Talvez isto desse uma pesquisa interessante...

Lucas ajudou Artur a trocar a isca de queijo suíço, enquanto observava a simultânea simplicidade e fatalidade de um anzol... Usou uma isca pequena.

— ...Nós então usamos o PGP prá trocar os arquivos em segredo. Parece que tem uma falha no PGP... foi divulgada no site de um alemão, mas ainda assim a gente acha que ele tem boa segurança. Boa, mas não perfeita. Melhor que esses outros que estão por aí...

Lucas tentava imaginar o que seria o tal PGP enquanto verificava seu anzol. Estava novamente vazio. Julgou ser o momento de voltar para casa. Olhou em volta e achou um bom motivo.

---

[1] *Sites são locais, na rede Internet, onde se pode obter determinadas informações ou mesmo adquirir bens e serviços. Os sites possuem endereços digitais, tipo: www.reidaspizzas.com.br. Toda empresa, órgão de governo, instituição de qualquer tipo e até mesmo pessoas físicas buscam ter seus sites na Internet. O site representa um importante canal de comunicação com os ambientes externo e interno da organização.*

—Meninos... Daqui a pouco vai chover... Olhem lá. —Havia uma nuvem aproximando-se e, debaixo dela, uma cortina cinza-clara que descia até a superfície do lago. Nada se via além da cortina. O alerta meteorológico foi silenciosamente ignorado pelos meninos por uns trinta segundos. Ambos olhavam para a água, imaginando que dali a pouco o maior peixe do mundo morderia o anzol. Os pescadores — pensou — vivem de expectativas, e se é verdade que o melhor da festa é esperar por ela, então os pescadores realmente sabem viver.

Rafael começou a girar o molinete, recolhendo lentamente a linha, mas não dava sinais de cansaço verbal...

— ...A gente, então, deixa o sniffer[2] rodando. Depois, é só esperar que o programa manda os dados interceptados de volta pro IP falso que a gente deu...

O Lago Paranoá perdia lentamente seu visual sereno e tornava-se agressivo. O vento derrubara a caixa de iscas. Artur, o menor, virou-se para recolhê-las enquanto segurava o boné com a mão esquerda. Rafael falava.

— ...E ele conseguiu ler todo o conteúdo do servidor como se estivesse controlando a console, como se fosse o supervisor do computador, com acesso a todos os comandos. Foi muito legal... muita adrenalina...

Lucas não seria capaz de apontar um suspeito para o vazamento das informações do projeto, mas Rafael acabara de indicar-lhe uma nova possibilidade, a de que o resultado teria sido o mesmo se os computadores da Patmo houvessem sido invadidos por intermédio da Internet. Parecia-lhe difícil, mas era uma possibilidade. Lembrou-se da quantidade enorme de grampos telefônicos e vazamentos de informações ocorridos nos últimos anos e mostrados abertamente na imprensa. Até o telefone do príncipe Charles havia sido grampeado. As gravações eram mostradas meses ou, até mesmo, anos após terem sido feitas, o que demonstrava o senso de oportunidade de seus autores. Os alvos principais eram personalidades da política, talvez porque a divulgação fosse útil ao objetivo pretendido, nesses casos. Mas, e as indústrias, o comércio, os bancos?... Será que os grampos telefônicos e de computadores feitos pelos concorrentes comerciais e industriais não seriam mais numerosos que os do mundo político? Certamente, se uma empresa consegue gravar os diálogos telefônicos da concorrente, ou invade seu sistema de computadores, a última coisa que fará é levar tais informações ao conhecimento do público. Pelo contrário, ela vai usar esses dados em proveito próprio, para prejudicar o concorrente e alavancar sua própria posição no mercado. Tudo isto, de preferência, sem testemunhas, já que o ato é tipificado como crime na legislação penal brasileira. Os tribunais só admitem a legalidade da gravação telefônica nos casos em que é feita por um dos participantes legítimos de um diálogo.

---

[2] *Sniffers são uma classe de programas de computador cuja finalidade é identificar e guardar, clandestinamente, as informações que passam por um certo computador. Uma espécie de sniffer é o chamado grampo de teclado, ou logger, um pequeno programa que trabalha de forma invisível ao usuário do computador, mas que guarda todos os seus toques de teclado. Com isso, o logger captura números de telefone, senhas, números de cartão de crédito e outros dados importantes enquanto os transmite pela Internet, ou por outro meio, ao dono do sniffer. Tudo ocorre, claro, sem o conhecimento e, portanto, sem o consentimento do legítimo usuário do computador.*

Águas de outubro

— ...E ele disse que vai me conseguir um programa que localiza estações Linux e derruba o servidor...

Lucas recolheu o final da linha como se rebobinasse os próprios pensamentos e não os quisesse deixar escapar. A pescaria não lhe dera peixes, mas lhe dera uma idéia sobre o que poderia ter acontecido dois anos antes, quando as informações relativas ao desenvolvimento de um novo produto, conhecido internamente como Projeto Sucuri, teriam sido furtadas e patenteadas pela principal concorrente da Patmo, uma empresa sueca, a Radjel BC.

A Patmo Química nascera na década de 1980 e dedicava-se à produção de substâncias químicas especiais para laboratórios de pesquisa de empresas e universidades. A vivência com tais clientes dera-lhe uma nova visão de futuro e de mercado, e ela passou a atuar na área bioeletrônica[3]. O Projeto Sucuri havia sido a primeira grande expectativa de sucesso da Patmo no campo da pesquisa, e buscava viabilizar a detecção e identificação de odores especiais com o uso de biosensores. A Patmo chegou a desenvolver uma tecnologia, que acreditava ser patenteável, capaz de reconhecer e identificar odores em concentrações muito abaixo daquelas perceptíveis pelo sistema olfativo humano. Tecnologias desse tipo são uma necessidade cada vez maior nas áreas militar, de controle ambiental, narcóticos e até mesmo na detecção de algumas doenças.

Para surpresa do grupo de pesquisa e desenvolvimento da Patmo, entretanto, no momento do registro do protocolo, no Instituto Nacional de Propriedade Industrial, descobriu-se que o Projeto Sucuri tinha um similar, com registro solicitado com dez dias de antecedência, justamente pela concorrente Radjel do Brasil. Ao que se sabia, a Radjel não desenvolvia linhas de pesquisa na área, e a leitura do pedido de registro deixava claro que houvera o furto de informações... os termos, o detalhamento do processo, muitas frases e até parágrafos inteiros da patente da Radjel haviam sido redigidos originalmente por ele próprio e por outros dois engenheiros da Patmo. A Patmo investira tudo o que podia no projeto, e corria agora o risco de fechar as portas por falta de recursos e pela ausência de confiança dos investidores e acionistas.

O celular tocou. Era Luíza.

— Lucas... Aconteceu uma coisa horrível.

— O que foi? — Sentiu que ela não lhe daria a má notícia se não a pedisse.

— O Luciano morreu hoje de madrugada, num assalto, em casa...

---

[3] *A bioeletrônica resulta de uma interação entre a bioquímica, a biofísica, a biologia molecular, a biotecnologia, a nanotecnologia e a microeletrônica. Trata da análise, produção, transmissão e armazenamento de sinais impressos nos sistema biológicos e do desenvolvimento de biocaptores e outros dispositivos bioeletrônicos capazes de serem usados na fabricação de computadores constituídos por biochips. Isso decorre da reconhecida boa qualidade dos produtos biológicos desenvolvidos pela natureza. A humanidade pretende fazer uso desses equipamentos (sensores olfativos, visuais, táteis etc., além de células nervosas e de memória disponíveis na natureza ou mesmo modificados) incorporando-os a sistemas computacionais.*

O Projeto Midas

Enquanto Luíza descrevia a conversa que tivera ao telefone com Helena, as pesadas gotas frias da chuva matutina daquele sábado de outubro fizeram com que Lucas se sentasse na terra vermelha do Planalto Central e cerrasse os olhos, tentando imaginar o drama vivido por seu colega de trabalho e chefe do grupo de pesquisa e desenvolvimento do maior desafio tecnológico atual da Patmo: o Projeto Midas.

Capítulo 3

Investigação

O Projeto Midas

Rafael falou sem descansar durante os vinte minutos de carro até o portão de casa. Lucas ouvia-o em silêncio. Seus pensamentos estavam na morte de Luciano. Artur estava atento, e converteu o monólogo em breve, muito breve diálogo:

— Mas, isto é possível? — perguntou.

— É muito fácil. Basta você ter um programa e fazer com que ele rode no computador da vítima...Ser hacker, hoje em dia, é muito fácil. Eu conheço um site que ensina a construir vírus... Ensina não, ele constrói o vírus prá você. Basta dizer a ele o que fazer... e como será o processo reprodutivo dele. Eu fiz três, mas eram tão malignos que resolvi não soltar na Internet...

A palavra "vítima" tocou algum ponto sensível na mente de Lucas. Com um reflexo condicionado, o pai transmitiu-lhes o conselho padrão.

— Meninos, não se metam a invadir computadores. Isto pode ser divertido, mas é crime. É caso de polícia... dá cadeia. Arranjem outra coisa para fazer. Por que vocês não aprendem a soltar pipa? Os meninos de hoje não sabem mais soltar pipa, quanto mais fazer uma...

O silêncio no carro foi absoluto, sem tradução. Um silêncio de adolescente.

Lucas contou mentalmente: cinco, quatro, três, dois, um... E Rafael disparou:

— Eu sei, pai...tudo bem... E você pode usar um cavalo-de-tróia para fazer o vírus chegar na vítima. Tem três tipos de cavalo-de-tróia. Eu sou mais o que não dá chance de ser descoberto. Ele usa os espaços livres do programa e não altera o tamanho original do arquivo. Assim, não dá prá detectar usando esses detectores de invasão que estão por aí. Só com assinatura digital... Mas aí é demorado prá fazer e afeta o desempenho do sistema... O gerente do sistema não vai querer usar...

Em silêncio, Artur abaixou seu vidro, fechou os olhos e pôs os cabelos para fora, ao vento, que ainda trazia pequenas gotas suspensas de chuva. Estava claro que não queria mais ouvir sobre computadores e métodos de ataque. Lucas gostaria de fazer o mesmo.

———

O carro ficou do lado de fora do portão. Luíza parecia tensa, fumando na mesa da cozinha, coisa que nunca fizera, ao menos que Lucas soubesse. Ela e Helena costumavam conversar ao telefone, mas encontravam-se raramente, talvez porque Lucas e Luciano, apesar da boa convivência na Patmo, pouco se viam fora do horário de trabalho. Luciano era excelente químico, muito inteligente e sociável, mas tornava-se inconveniente em poucos minutos, pela pouca inteligência das centenas de piadas que conhecia e de que tinha enorme facilidade para lembrar, após uma ou duas latinhas de cerveja.

— O enterro será às quatro, no Campo da Esperança. Esqueci de perguntar o número da capela. Parece que vai chover de novo... — Luíza continuou a falar mecanicamente por alguns minutos, como se lesse itens de uma lista imaginária. E completou: — Foram dois tiros, um no peito e outro na cabeça. A polícia esteve lá. O corpo foi levado pro IML.

Helena está bem, disse que ainda não sabe o que vai fazer. Eu pensei em oferecer que viessem dormir aqui, ou só as crianças, nem sei bem o que ofereci. Disse a ela que eu podia ajudar, que era só pedir. Eu queria ir lá ficar com ela...Estava te esperando, para a gente ver o que ia fazer...

Parou de falar, fechou as mãos sobre o rosto e chorou.

—

Se fosse um filme, haveria três ou quatro carros de polícia em frente à casa de Luciano, com as luzes coloridas girando. Mas havia apenas um, com um motorista sonolento dentro, e nada de luzes piscando.

Helena parecia bem, mas falava devagar. Tinha uma caneta na mão direita; na esquerda, carregava uma folha de papel arrancada de um caderno espiral. Havia coisas escritas. Talvez coisas de que precisasse lembrar de fazer. Quando ela e Luíza se abraçaram, ele pôde ver que os três últimos dedos da mão que segurava o papel fechavam-se, segurando um pequeno objeto. Pareciam pequenas contas, do que deveria ser um terço branco.

Um homem de calça jeans e gravata estava em pé na varanda, de costas para a entrada. Lucas caminhou em sua direção, parou a três passos de distância e virou-se para conferir se Helena e Luíza ainda se abraçavam. Luíza dizia-lhe coisas que pareciam confortá-la.

Virou-se novamente para o homem que presumiu ser um policial, talvez um delegado. Os olhos do estranho fixavam-se na porta de acesso à cozinha. Lucas ficou imaginando se ele estaria buscando mentalmente reconstituir e elucidar os fatos. Talvez a cozinha tivesse algo a ver com o crime...

Pela porta da cozinha saiu Eva, a empregada, trazendo-lhe um cafezinho.

Lucas pensou que, se aquilo fosse um filme, cada nova pessoa que surgisse na cena do crime seria um novo suspeito para o policial. O café foi bebido em dois goles. Um pequeno, provavelmente para testar o sabor, a temperatura e o açúcar. O segundo foi de uma só vez. Lucas passou, então, os olhos à volta e viu os furos na porta de vidro.

— Bom dia. Meu nome é Lucas. — O policial virou-se em silêncio, sem mostrar qualquer surpresa — Eu sou amigo da família e... trabalhava com o Luciano... Onde ele está? O que aconteceu?

— Delegado Amílcar... — disse, enquanto estendia a mão direita desinteressadamente — O corpo já foi pro IML... Ainda não temos uma idéia muito precisa sobre o que aconteceu, mas a perícia vai dizer. Foram dois tiros vindos de fora, seu amigo estava caído aqui. A porta foi aberta por alguém depois que ele havia caído, pois o movimento da porta empurrou o braço da vítima.

Lucas podia ver a mancha ainda úmida, no chão, do que seria o desenho de um arco de sangue, talvez provocado pelo arrasto do braço de Luciano, quando a porta foi aberta.

O delegado passou a conversar amistosamente, como se já se conhecessem. Às vezes, parava de falar e olhava silenciosamente para a vidraça, para o interior da sala e apontava silenciosamente para o chão, que havia sido limpo, mas ainda se mantinha escurecido pela umidade. A mão voltava, então, para o bolso. O delegado parecia tentar recriar mentalmente o que acontecera poucas horas antes. Pelas expressões faciais que fazia, parecia não estar chegando a lugar algum.

    Lucas mantinha-se o mais quieto possível, na tentativa de não atrapalhar e, assim, ganhar a simpatia do delegado. Tentou lembrar algum fato ou achar algo na sala que pudesse ajudar. Girou a cabeça para a esquerda e notou que Helena parecia gostar de objetos místicos. Havia uma pirâmide de cristal colorido no centro de uma mesa circular, próxima a duas cadeiras posicionadas frente a frente. Suspensos no teto, alguns conjuntos de objetos aparentemente inúteis e destituídos de qualquer estética. Para ele, eram feios, mas aprendera a respeitar e até interessar-se pelos gostos exóticos dos outros. Acreditava que a diversidade era a única arma do universo contra a sua imensa monotonia. Sobre uma estante próxima, ao alcance da mão, havia diversos objetos coloridos, cristais de rocha, pequenos animais de madeira e um suporte para incenso com cinzas caídas. Aproximou-se da estante e viu um cartão pouco maior que um postal. Era o desenho de um bosque escuro, quase grafite, e três unicórnios brancos. Um deles bebia de um riacho negro. Havia ainda uma lua branca em um céu azul, muito escuro. Lucas certificou-se, instintivamente, de que ninguém o olhava e girou o cartão nos dedos, para ler o verso. A mensagem era curta, escrita em letra de imprensa: "Lembre-se, chá hoje 16h". A assinatura era ilegível, uma única palavra começando com duas letras maiúsculas seguidas... pareciam ser A e P. O restante da assinatura era um rabisco ondulado, impossível de ler.

Capítulo 4

No quintal

Lucas caminhou até a área da piscina e viu dois cachorros presos no canil, quietos e atentos a seus movimentos. Os dois Mastiffs eram idênticos, grandes e amarelos. Tinham o mesmo olhar e faziam uma pequena, e também idêntica inclinação lateral com a cabeça enquanto o observavam. Ter dois cachorros era melhor do que apenas um. São animais gregários e gostam de companhia. Um amigo de Lucas insistia que a solução ideal era ter um grande e um pequeno: o grande, para assustar bandidos; e, o pequeno, para acordar o grande.

— ...Mas nada sumiu, segundo a esposa da vítima. — continuou repentinamente o delegado, aproximando-se de Lucas. — Resta saber o que houve, pois não está muito claro, ainda. A fechadura não foi arrombada, mas a porta estava aberta quando o corpo foi encontrado.

— E a perícia? — Lucas dera-se conta de que entrara na cena de um crime sem qualquer dificuldade, e que poderia ter alterado evidências. Deveria haver uma faixa amarela, um policial na porta controlando as entradas e saídas e tudo o mais... como nos filmes.

— Já terminou. — respondeu o delegado.

Lucas levantou o braço esquerdo e olhou as horas. Eram 11h18. Parecia-lhe pouco tempo para uma perícia detalhada. Por outro lado, ele admitia nada entender de perícias.

— Como é mesmo o seu nome? — Agora, sim, o delegado estava chegando aonde Lucas queria. Estava ficando difícil entender como o policial não tinha sob suspeita todos na casa e na vizinhança. Ou o delegado nunca vira um filme policial ou os filmes nunca haviam visto um delegado de verdade.

— Meu nome é Lucas. Lucas Abrantes — O delegado olhava fixamente para ele. Lucas aproveitou a oportunidade e perguntou.

— E os vizinhos, delegado? Alguém sabe de alguma coisa?

— Não. Os vizinhos não ouviram nada. As noites aqui no Lago costumam ser frias e as pessoas dormem com janelas fechadas. O que é bom para elas...

Lucas emitiu um som indefinido, tentando mostrar que concordava com a frase. Afinal, janelas fechadas impedem o frio, insetos, morcegos... O delegado prosseguiu.

— Se uma pessoa ouve um tiro, ela pode ser tentada a investigar, o que é arriscado. Alguns pegam suas armas e vão à janela ou saem à rua para ver o que aconteceu. Pode acontecer que essas pessoas, já assustadas, firam e até matem seus próprios parentes ou vizinhos, que também resolvam investigar. O melhor mesmo é ficar atento e quieto. Poderíamos estar aqui investigando dois ou três homicídios, ao invés de apenas um...

Lucas irritava-se com esses conselhos dados por policiais. Ficar quieto, imóvel e obedecer é tudo o que os bandidos querem que a gente faça. Para um bandido, o ideal é andarmos desarmados e nunca reagirmos. Exatamente o que a polícia nos manda fazer...

O celular do policial tocou. Depois de falar em voz muito baixa ao telefone por poucos segundos, o delegado falou com Helena e aproximou-se de Lucas, com a mão direita estendida.

— Até logo, doutor Lucas. Tenho que assinar um termo lá na QI 16.

E saiu pela porta da frente, que estivera aberta todo o tempo.

—

Pois, então, o delegado o chamara de "doutor". É claro que ele não poderia saber, mas Lucas obtivera seu doutorado no Georgia Institute of Technology, vinte anos antes. No Brasil, todos são doutores: médicos, dentistas, advogados, engenheiros, políticos ou endinheirados quaisquer. Basta ter uma posição ou um carro bacana, e pronto: é doutor. Uma desvalorização da titulação, sem dúvida em prejuízo para a cultura do país, tornando iguais os desiguais em nível acadêmico. Lembrou que seu jardineiro também costumava chamá-lo de doutor. Lucas resolveu, então, também chamar o delegado de doutor quando novamente o encontrasse.

Com a saída do delegado, Lucas caminhou até o fundo do quintal para admirar os cães. Ficou imaginando a forma como se teria dado a invasão do terreno pelo assassino. Havia muros altos em toda a volta do terreno. Como prever que alguém pudesse entrar na casa com dois cachorros, cometer um crime e sair sem ser percebido? Pensou, então, que os cães poderiam ser facilmente convencidos a entrar no canil se lhes fosse oferecido comida. Lucas lera que os cães, quando bem treinados, só aceitam a comida entregue por seus próprios treinadores. Em alguns casos, os bem-treinados morrem de fome quando os treinadores não podem alimentá-los. O condicionamento era feito com choques elétricos. Fios eram colocados em pedaços de carne deixados para os cães e, após alguns choques, os animais aprendiam que os únicos pedaços que não davam choques eram aqueles provenientes das mãos do treinador.

Pensava em mais uma hipótese. Poderia ainda ter sido um adestrador de cães, que após treiná-los tivesse retornado como assaltante. Lucas poderia divagar por horas, montando universos de possibilidades, um de seus passatempos prediletos.

Os cachorros que Lucas tinha em casa não haviam recebido qualquer tipo de treinamento. Ele não acreditava ser compensador dar-lhes um condicionamento severo "apenas" para proteger a casa e a família. Cães treinados para atacar podem ferir e até matar pessoas inocentes ou crianças. A bem da verdade, normalmente as vítimas mostradas nos jornais eram crianças. E carteiros. Ao repensar os fatos daquele sábado, Lucas julgou que pudesse estar errado em seu julgamento. Talvez os seus cães devessem, sim, submeter-se a um treinamento mais severo. Mas recuou tão logo decidira. Preferia os cachorros do jeito que eram, bobos, mas amistosos.

Sentou-se em um banco que ficava no fundo do jardim, de frente para a casa, sobre a grama. A casa era bonita, espaçosa, com dois andares e piscina. As residências vizinhas tinham tamanhos similares. Brasília inventara bairros inteiros com moradias espaçosas e piscinas, conhecidas por mansões. O adjetivo era um exagero, mas algumas casas o justificavam. A de Luciano era de tamanho médio para o Lago Sul, com talvez 450 metros quadrados de área construída.

Capítulo 5

Projetos de vida

O Projeto Midas

A Condenação assemelha-se mais à Justiça do que a Absolvição.

Hobbes — *O Leviatã.*

O Projeto Midas fora desenvolvido nos laboratórios da Patmo em Campinas, São Paulo. Lucas gostava do trabalho de laboratório, mas tivera que buscar melhores oportunidades no setor de marketing[1] da empresa. Para ele, era compensador idealizar um projeto e vê-lo concluído dois ou três anos depois, causando o planejado e merecido impacto no mercado e na concorrência. Sua realização profissional acontecia quando interferia no mercado, causando mudanças no rumo dos acontecimentos, como se jogasse várias partidas simultâneas de xadrez. Isto o mantinha motivado e alerta.

O Midas era todas as cartas que restavam à Patmo, uma proposta tecnologicamente arriscada, mas com perspectivas compensadoras. Um grupo nacional de investimentos aceitara investir nas pesquisas em troca de uma parcela dos direitos de patente. Tratava-se de um sensor de odores feito a partir de células olfativas provenientes de embriões de tubarões. Um microcircuito comum codificava digitalmente os impulsos elétricos recebidos das células e enviava-os a um pequeno computador. Os sinais eram, então, identificados no banco de dados do computador, que mostrava em uma tela os nomes dos produtos químicos presentes nas amostras de ar analisadas. A sensibilidade do sistema era assombrosa. Mesmo pequenos resíduos de substâncias presentes nas amostras de produto, eram percebidas. O dispositivo permitia, até mesmo, identificar as pessoas presentes na sala durante os experimentos, assim como a composição das roupas que usavam, o que haviam almoçado e quais seus desodorantes. Um dos técnicos, Roberto, era o prato predileto dos engenheiros. Eles podiam identificar os dias em que ele encontrava a amante, pelos traços residuais do perfume da mulher que ficavam em suas roupas. Os engenheiros obtinham a confirmação de suas suspeitas ao detectarem, usando o mesmo equipamento, o odor de adrenalina emitido pelo técnico logo após ser acusado de haver-se encontrado com ela.

Ao menos teoricamente, o sistema podia identificar a presença de um odor qualquer, mesmo em níveis milhares de vezes menores que os necessários à percepção humana. Tudo dependia da capacidade olfativa das células animais utilizadas. Se elas pudessem sentir, então o equipamento podia, ao menos em teoria, detectar e identificar. Entorpecentes e explosivos possuem odor característico, bem como algumas bactérias. A Patmo imaginava ser possível identificar infecções específicas, como o fazem alguns médicos chineses, que chegam ao diagnóstico de acordo com o odor do hálito do paciente. Para a Patmo, dentro de alguns anos seria possível a uma pessoa entrar em um consultório, respirar em um aparelho e ser imediatamente testado em uma série de condições clínicas.

---

[1] *O pessoal que trabalha em Marketing conhece praticamente tudo o que está acontecendo na organização, desde o relacionamento com o consumidor, a política de vendas, a propaganda, o planejamento estratégico, a linha de produtos presente e futura, o relacionamento interno, os programas de treinamento e assim por diante. É o Marketing que interpreta o desejo do consumidor e o traduz internamente, enquanto dimensiona o esforço corporativo para explorar ao máximo o mercado com os menores custos possíveis.*

Havia já uma proposta, ainda em nível de concepção, de continuar as pesquisas em meios líquidos. Com o resultado dos trabalhos de desenvolvimento, assim estimava-se, a engenharia ambiental teria em seu favor sensores capazes de detectar odores de elementos poluidores, fosse em água doce ou salgada.

O processo permitia também confirmar a identidade de pessoas e saber o que elas transportavam, resultados importantes para a atividade policial e aduaneira. Afinal, era assim que os cães perseguiam prisioneiros fugitivos... pela identificação do odor das células de pele mortas que se desprendem do corpo durante a fuga. Medições já haviam indicado que pelo menos trinta mil partículas de pele soltam-se do corpo a cada segundo.

Todas as etapas do projeto vinham sendo concluídas com sucesso, sendo que a mais crítica delas tratava da técnica de preservação do tecido biológico. Com este objetivo, a Patmo desenvolvera um kit liofilizado[2], resultante da aplicação de vácuo sobre o tecido congelado, com longa duração inerte e que podia ser ativado com uma gota de um produto químico desenvolvido internamente. Após a ativação, o sensor possuía durabilidade de trinta dias, até a degradação do tecido biológico.

A empresa não estava sozinha nessas pesquisas. Vários centros de pesquisa mundiais buscavam tais respostas de interconexão entre os mundos biológico e eletrônico. Alguns centros haviam escolhido as antenas de mariposas, que possuem fantástica capacidade olfativa. A Universidade de Utah, nos Estados Unidos, já obtivera respostas positivas nessa linha, mas as pesquisas estavam apenas começando. A Patmo, por sua vez, também alcançara resultados importantes que garantiam viabilidade a algumas etapas do processo, e pretendia patenteá-los.

O fato é que a Patmo investira o resto do que possuía nesse projeto, almejando o registro da patente do líquido preservativo. E guardava segredo extremo sobre tudo isso, buscando evitar o fracasso que se abatera sobre o Projeto Sucuri, dois anos antes. O sigilo era vital.

—

O Projeto Sucuri tivera uma história cheia de detalhes desagradáveis que ainda traziam desconforto à Patmo... A tecnologia de preservação de tecido biológico, alcançada pela Patmo dois anos antes, apresentara desempenho adequado, mas durabilidade curta para a maioria das aplicações práticas: apenas duas horas. Essa limitação encarecia o uso do produto e desinteressava os potenciais clientes. A Patmo chegara a pensar em desenvolver um sensor olfativo totalmente sintético, empregando técnicas como a nanotecnologia[3], mas encontrara limitações técnicas e financeiras.

O produto sofreu diversos testes e ajustes, até alcançar um desempenho satisfatório. Como tudo indicava que o desenvolvimento da inovação estava concluído, a Patmo buscou

---

[2] *Liofilização é um processo usado para retirar a umidade de uma amostra biológica. Ela é congelada e depois colocada sob vácuo contínuo por diversas horas. No final, a amostra fica absolutamente seca, mas intacta.*

registrar a patente do processo. O resultado foi um choque para a empresa, que investira dois anos de trabalho e uma pequena fortuna em pesquisa e desenvolvimento: havia um pedido de patente similar, protocolado dias antes. A empresa que o fizera, a concorrente Radjel do Brasil, sequer tinha laboratórios de pesquisa no país.

Havia um conjunto de evidências que apontavam para o vazamento das informações do projeto. A Patmo buscou, internamente, os culpados pela revelação dos segredos do Sucuri, sem nada encontrar. A empresa de auditoria contratada para identificar o responsável não apresentou um relatório conclusivo, mas sugeriu nomes possíveis. Dentre esses, a Patmo escolheu o de Olavo, colega de longa data de Lucas, e o demitiu. Eles haviam trabalhado juntos no laboratório em Campinas e, para Lucas, a acusação fora absurda. Um ano depois, Olavo montara um negócio próprio, uma pequena fábrica de detergentes industriais. Levava uma vida simples, comprovadora de que nada lucrara com a alegada venda de informações sigilosas à Radjel. Afinal, se fosse realmente um espião industrial, e com o seu excelente currículo em química, sua condição de vida atual deveria estar bem melhor. Segredos industriais valem muito dinheiro. Para Lucas, o colega era inocente, como se declarara. Olavo acionara a Patmo na Justiça, mas seus advogados não lhe davam esperanças de resultados próximos.

Para Lucas, a Radjel era uma concorrente desleal. Furtara um segredo industrial da Patmo e, com isso, ameaçava seu emprego e sua carreira. A "sueca safada", como os engenheiros a chamavam, costumava exercer técnicas competitivas desleais quanto a preços, clientes e pontos de distribuição.

O sigilo do Projeto Midas — todos na direção da Patmo o sabiam — também corria sérios riscos. O sentimento geral era que, de alguma forma, as informações do projeto já deveriam estar nas mãos do pessoal da Radjel, apesar das medidas de segurança adotadas quanto às equipes de trabalho e ao sistema de computadores.

Uma das medidas era a instalação de um firewall[4]. Um vendedor indicara uma boa marca e a direção da empresa mandara instalá-lo. Havia custado bom dinheiro e a Patmo achava-se tranquila quanto à segurança de seus dados. Mas Lucas lera um artigo em uma revista de negócios que alertava sobre uma série de vulnerabilidades nesses sistemas. Isto o preocupava, porque após a instalação do equipamento o pessoal da Patmo adquiriu confiança e passou a utilizar a rede de dados e a Internet para processar as informações críticas. Para ele, o firewall trouxera à Patmo uma falsa sensação de segurança. O que era pior do que não ter qualquer segurança.

---

[3] *Nanotecnologia é uma nova fronteira da ciência, em que os átomos são manipulados quase que individualmente para formar novas estruturas moleculares, cada vez menores. Essas estruturas nanoscópicas (milhares de vezes menores que as microscópicas) servirão para tratar doenças no interior dos pacientes (como no filme Viagem Insólita), para inspecionar áreas de acesso difícil na Terra e no espaço, e para acelerar computadores. Alguns países já declararam seu interesse prioritário nessa área, inclusive com a dotação de significativos fundos para pesquisa. A tecnologia já está em desenvolvimento, mas encontra-se ainda longe de resultados práticos.*

Outra contra-medida fora instalada no equipamento de telefonia da Patmo, mas disponível apenas em São Paulo. O PhoneGuard, um pequeno aparelho do tamanho de uma caixa de fósforos, acusava a existência de escuta na linha. Lucas perguntava-se se não existiriam escutas tecnologicamente mais desenvolvidas, imunes à detecção do pretensioso dispositivo.

Independentemente das medidas tomadas, a Radjel já provara não ser simples amadora na busca e obtenção de informações estratégicas. Restava à Patmo ser suficientemente profissional para evitar que a Radjel obtivesse novo êxito. As medidas deveriam ser objetivas, precisas e implementadas com rapidez.

---

[4] *Firewall é um software que controla um computador colocado entre um conjunto de computadores que se quer proteger e uma rede externa, como a Internet. Todos os dados que entram e saem da rede interna são analisados pelo programa, que passa a funcionar como um vigia que cuida de um portão. Assim, só passa por ele aquilo que for permitido passar. Há os bons e os ruins. Há alguns caríssimos e outros gratuitos. A escolha, a instalação e a configuração de um firewall devem ser feitas por profissionais, uma vez que a grande maioria das invasões a redes de computadores acontece em organizações protegidas por firewall. Tais fatos se devem, provavelmente, à má configuração dos programas ou à sua baixa qualidade.*

Parte 2

Capítulo 6

A Esperança não vive
para sempre

> *Essa natural tendência dos homens, de ferirem-se uns aos outros...*
>
> Hobbes – Rudiments.

Eram quatro da tarde. Uma chuva breve já enchera o Campo da Esperança com poças amareladas. Nos buracos onde não havia água, uma espessa camada de lama avermelhada e arenosa aguardava um passo descuidado. Os túmulos que haviam sido revestidos com granito ainda tinham um pouco de água limpa em sua superfície. Não havia caminhos pavimentados, o que obrigava a todos levar para casa, além da parcela espiritual dos sentimentos pesarosos, uma outra, física, traduzida numa pequena quantidade da terra avermelhada do cemitério presa aos sapatos.

Helena mantivera-se próxima ao corpo durante o velório, mas olhara poucas vezes para a face estática de Luciano. Havia quatro arranjos de flores com faixas e dizeres diversos em letras colantes de papel dourado. Um deles trazia nomes como Mark, Howard e Jackie. Lucas não conhecia essas pessoas.

Voltou-lhe à mente a dúvida sobre a realização dos enterros logo após a morte. Preferia uma espera mais longa para a confirmação do óbito, pois há casos conhecidos em que o morto parece morto, mas que em realidade pode não estar.

Anos antes, conversara com um frei franciscano com longa vivência em regiões do interior desprovidas de recursos. Ele lhe dissera que, na falta de um médico que confirmasse tecnicamente o óbito, a solução mais prática consistia em espetar uma agulha sob a unha do defunto. Se saísse água, a morte estaria confirmada. Se saísse sangue, ainda haveria vida.

O fato é que a medicina ainda não encontrara soluções definitivas para a dúvida entre vida e morte. Talvez a escolha pela indefinição fosse vantajosa. Talvez a própria sociedade humana não se interessasse em saber. Tempo houve em que os cadáveres eram literalmente torturados antes de confirmados como definitivamente mortos. Isso ocorreu nos séculos XVII e XVIII. Eram bem umas três horas de tortura, mas ainda assim não havia consenso. Alguns acreditavam que o único sinal definitivo de morte era o início da putrefação. Para isso, no final do século XVIII, a França e a Alemanha optaram pela construção de mortuários especiais, espécie de hospitais, com temperaturas propositadamente elevadas, em que o processo se daria de forma rápida e de onde sairia a certeza da morte. Esses hospitais existiram até 1850, aproximadamente, e foram desativados por falta de interesse das famílias dos defuntos.

Lera também sobre um costume existente na Inglaterra do século XVI. Para salvar as pessoas que porventura acordassem após serem enterradas, amarrava-se um barbante no pulso do cadáver. O barbante saía do caixão por um orifício e ia até a superfície, onde era atado a um sino. Deixava-se alguém de guarda durante algum tempo — inclusive durante a noite — para proceder ao salvamento, no caso de o sino tilintar. Teria sido daí que surgira a expressão "salvo pelo gongo". Lucas gostaria de ter um sino disponível para si, apesar de a medicina moderna garantir a segurança dos testes de atividade cerebral. Pensou, também, que Luciano, certamente, não precisaria de um.

Luíza procurava ficar perto de Helena e vez por outra a abraçava. Helena não chorava mais. Parecia não mais ter lágrimas, ou já se ter acostumado à dor. As crianças não estavam presentes.

Lucas olhou em volta e não viu o delegado entre as 20 ou 25 pessoas próximas à cova. Pensou que, se aquilo fosse um filme, o delegado estaria ali, observando, talvez com um suspeito em vista. Provavelmente, a experiência do policial já lhe estaria dizendo o que realmente acontecera, e talvez nem fosse necessário ir muito a fundo nas investigações. A polícia do Distrito Federal já empregava um sistema informatizado para a identificação de impressões digitais e de DNA. Bastava alimentar o computador com uma impressão digital e, quase instantaneamente, o sistema devolveria o nome do dono da impressão e o dedo da mão a que ela corresponderia. O mesmo poderia ser feito com o DNA: uma amostra de um líquido corporal ou de um fio de cabelo devolveria o nome do suspeito. Lucas não sabia se a perícia estaria usando esses recursos na elucidação do caso.

Olhou detidamente para os homens que colocavam um tampo de concreto sobre o túmulo. Lembrou-se de ter lido em algum lugar que os hindus costumavam incinerar seus mortos em fogueiras preparadas em áreas específicas, normalmente próximas a rios, para os quais as cinzas eram imediatamente transportadas. Na Índia, os cursos d'água possuem caráter sagrado.

Um amigo seu contara-lhe que os tibetanos valorizavam apenas o espírito, sem qualquer atenção para com o corpo, de forma tal que os cadáveres eram muitas vezes picados para fornecer... iscas! E que os aborígenes da Austrália tinham por costume deixar o corpo de seus parentes sobre árvores. Lembrara-se então de uma reportagem no Correio Braziliense, onde se dizia que o cemitério de Brasília estaria lotado em breve e ainda não havia previsão de um crematório público para a cidade. Bem... por sorte, Brasília tinha árvores, muitas árvores.

Tudo indicava que a morte de Luciano resultara de uma tentativa de furto comum, seguida de assassinato. O breve contato com o delegado não lhe trouxera informação adicional relevante. Nesse ponto, ou o delegado teria sido extremamente profissional ao nada comentar sobre o fato, ou não tinha qualquer idéia do que acontecera e preferira deixar o caso para a perícia. Lucas imaginava se havia a possibilidade de tratar-se de um assassinato premeditado, por motivos que lhe percorriam a mente, de forma descompromissada.

Não teria sido um caso de dívida não paga, porque Luciano não parecia ter problemas com vícios, apesar de não dispensar um cassino sempre que disponível. Quando estiveram juntos em um congresso em Foz do Iguaçu, Luciano não descansara até atravessar a Ponte Tancredo Neves e visitar os cassinos argentinos. Nos dois anos em que se conheciam em Brasília, entretanto, nem sequer visitava bingos. Drogas? Pouco provável. Talvez uma amante rejeitada ou um marido traído, quem sabe homossexualismo...

Helena confirmara ao delegado que nada havia sido furtado da casa. Tudo estava em ordem, até mesmo o conteúdo da pasta de Luciano, incluindo as chaves, o dinheiro, os cheques e os cartões de crédito. Dissera que o delegado realizara uma breve reconstituição dos fatos, e os indícios apontavam para uma tentativa frustrada de furto.

O Projeto Midas

O celular vibrou em silêncio no bolso dianteiro direito da calça. Lucas olhou o visor e afastou-se mais ainda do grupo que cercava o túmulo. A ligação era de São Paulo, a quinta ou sexta do dia. Alguém de São Paulo viria a Brasília para dar apoio a Helena, tratar de alguns papéis e cuidar da apresentação que Luciano faria do Projeto Midas ao Ministério da Defesa, na segunda feira. Lucas lembrou-se da tal reunião. Havia-se esquecido. Ele mesmo poderia fazê-la, mas teria que estudar um pouco mais sobre as especificações do produto para poder responder aos questionamentos dos militares, que costumavam ser tecnicamente exigentes e atentos a detalhes.

O céu cinza-escuro trouxera a chuva forte que prometera. As chuvas de outubro eram bem-vindas depois dos cinco meses de seca absoluta que se arrastavam entre maio e setembro. Depois de poucos minutos, já seria possível saber se Brasília seria novamente inundada, se as garagens subterrâneas virariam piscinas com automóveis flutuando e se as ruas voltariam a fluir como rios.

Capítulo 7

**Laptops não são
para sempre**

O Projeto Midas

Riqueza, conhecimento e honra são diferentes tipos de Poder.
Hobbes – O Leviatã.

O assunto durante o jantar foi, mais uma vez, o armário do quarto dos meninos, que precisava ser refeito.

— Não foi uma boa idéia fazer esses armários com aquele marceneiro — disse Lucas — Tá bem que eles foram baratos na época, mas somando os transtornos que aquelas portas já deram, as gavetas travando a toda hora, sem contar que ficaram feios... realmente, há coisas em que não vale a pena economizar.

Rafael buscou o leite com os olhos sobre a mesa do jantar e olhou para o irmão menor, como que exigindo que este adivinhasse o que ele queria. Artur fez-se de desentendido e ficaram os dois em silêncio, ali parados, indagando-se com as palmas das mãos para o teto, sobre o que um e outro queriam...

Lucas estava a ponto de intervir quando Rafael ergueu o dedo indicador e completou:

— Principalmente em segurança de computadores, pai. Eu vi um site que trazia listas de fraudes em sistemas de computadores. A lista não tem fim. Tem um hacker que foi preso por vender um CD com mais de cem mil números de cartão de crédito. Ele foi preso, tudo bem, mas os números dos cartões estão soltos por aí... Sabe-se lá o que vai acontecer...

O telefone tocou. Após alguns segundos de imobilidade de todos na mesa e uma ordem de Lucas, Artur arrastou-se de quatro, lentamente, até o telefone. Após alguns segundos, voltou com o telefone sem fio na mão.

— Pai... tia Helena!

Pai? Esta frase era nova, pois Helena costumava pedir para falar com Luíza. Procurando disfarçar sua surpresa, Lucas atendeu, cuidando para não cometer uma gafe perguntando se tudo estava bem.

— Oi, Helena...

Helena falava vagarosamente, como se a pressa lhe tivesse ido junto com Luciano. Ela poderia, pensou Lucas, estar sob efeito de tranqüilizantes.

— Lucas, o delegado me ligou há pouco perguntando se o Luciano tinha um laptop e onde ele estaria. Eu disse a ele que... de vez em quando o Luciano trabalhava em casa com um desses laptops, mas que eu não tinha visto o tal equipamento ontem. Mas ele poderia tê-lo trazido dentro da pasta. Já olhei na pasta e não está lá. Você saberia responder?

Lucas pensou em perguntar pelo disquete do Projeto Midas, que deveria estar com Luciano, já que ele faria uma apresentação na segunda-feira, mas preferiu ser paciente e não lhe trazer uma preocupação adicional.

— Helena, você sabe por que o delegado perguntou pelo laptop?

— É que ele achou um cartão de modem no bolso do pijama que o Luciano estava usando. Ele disse que era específico para laptop, mas o equipamento não estava no escritório e em lugar nenhum da casa. Ele acha que o computador pode ter sido roubado.

Após finalizar a conversava com Helena, Lucas vasculhou o guia telefônico em busca do número do telefone de casa de Shirley, a pessoa que controlava a saída dos equipamentos do escritório. Minutos depois, ela confirmava-lhe que o laptop estava com Luciano, mas não sabia dizer se ele o havia levado para casa na sexta-feira. Shirley lamentou o falecimento de Luciano e ofereceu-se para ajudar no que fosse necessário. Interessante, pensou Lucas, o quanto as pessoas se oferecem para ajudar, talvez com a certeza de haver pouco a fazer naquela hora. Melhor seria se elas simplesmente aparecessem na casa do falecido para lavar e abastecer o carro, fazer compras de mercado, levar os cachorros para passear ou dar-lhes banho.

Talvez Luciano tivesse levado o equipamento para casa, pensando em concluir ou rever a apresentação que faria.

Se o disquete era uma preocupação, o laptop era mil. Os laptops são computadores portáteis de uso pessoal, e terminam por conter muitas informações sobre a empresa e sobre seu dono. Eles costumam perder-se por serem pequenos. Na verdade, costumam é ser roubados, por serem valiosos como equipamentos e conterem informações críticas sobre as empresas, seus produtos e negócios. A Patmo possuía uma política escrita a respeito do uso dos laptops, onde havia alerta para uma série de riscos, mas na prática os usuários não lhe davam muita atenção. Ao retirar um equipamento para uso, era comum encontrar dados e documentos de outros funcionários ainda gravados no disco.

Lucas começou a considerar a hipótese de espionagem industrial. Mas era-lhe difícil admitir que assassinatos pudessem compor uma ação de espionagem industrial. Talvez Luciano tivesse ouvido algum ruído, descido ao escritório para ver o que era e acabou involuntariamente surpreendendo os ladrões. Ou... quais seriam as outras possibilidades? Será que o Midas valia uma vida?

Lucas voltou para a mesa, olhando para Luíza enquanto apertava os lábios, um contra o outro. A seqüência dos fatos marcava-lhe a testa com duas rugas horizontais. Luíza sabia que ele estava preocupado.

— Roubaram o laptop, foi? — disse ela.

Rafael acabou de tomar seu achocolatado, que na verdade era uma papa de pó de chocolate e açúcar com apenas um pouquinho de leite em pó e comentou, enquanto lambia os lábios e erguia o indicador:

— Laptop, é? Ih! O que tinha lá dentro já era!...

— Era aquele que você trouxe prá casa uma vez, pai? — indagou Artur — Tinha coisa sua lá dentro?

— Não, nós apagamos tudo antes de devolver. Ou pelo menos devíamos. Além disso, os laptops têm uma senha especial de acesso, que só os funcionários conhecem.

— Ih! Pai. Isto é mole de quebrar. Tem um site na Internet cheio de programinha prá quebrar senha de laptop. Primeiro ele ensina como dar a volta na proteção, depois ensina a tirar a proteção. Isto é fácil... Outra coisa: apagar arquivos no computador não significa que eles não podem ser recuperados. Recuperação de arquivos apagados também é mole. Tem programas que fazem isto instantaneamente.

— Mastigue com a boca fechada, Rafael. — disse Lucas, preocupado por perceber que o adolescente tinha razão.

Só então se deu conta de que, por conforto e segurança, Luciano possuía seu próprio laptop, e chegara a recomendar aos colegas que adquirissem os seus. Não se cansava de demonstrar as vulnerabilidades existentes no uso compartilhado dessas máquinas.

—

A manhã de domingo trouxera mais algumas nuvens de chuva ao norte e uma notícia curiosa escondida no caderno de variedades do jornal. Alguns países do primeiro mundo teriam criado uma super-rede de espionagem, totalmente automatizada, que interceptava praticamente todas as mensagens que circulavam no mundo, fossem elas telefônicas, de fax ou de computadores, aí incluída a Internet. A existência do Echelon tornara-se pública em 1998, graças às revelações indiscretas de um ex-funcionário. O sistema estaria existindo desde o pós-guerra, mais precisamente em 1947, em benefício dos serviços de inteligência da Inglaterra, Estados Unidos, Canadá, Austrália e Nova Zelândia.

Segundo o jornal, o Echelon era um bem-organizado e muito bem-orçamentado conjunto de antenas, satélites, parabólicas, computadores e pessoal técnico, criado para apoiar a obtenção de informações no cenário da guerra fria. Mais poderoso a cada dia, o sistema coletaria dados que, após análise, seriam classificados de acordo com o grau de interesse. Dependendo do conteúdo das ligações telefônicas gravadas, dos e-mails, dos faxes transmitidos e dos sinais de rádio registrados, as gravações ou suas transcrições seriam enviadas às organizações competentes, como a CIA, organizações de inteligência militar e, até mesmo, empresas.

De acordo com o artigo, essas últimas teriam adquirido maior competitividade no mundo globalizado, ao terem um grande serviço de escuta a seu dispor. Nessa linha de trabalho, o Echelon teria coletado e distribuído informações econômicas relativas a dezenas de grandes negócios em andamento no mundo. Após inteirar-se dos assuntos, as empresas norte-americanas interessadas em competir teriam intervindo e interrompido as negociações em andamento, para finalmente tomar-lhes os negócios. Dentre as dezenas de casos relacionados, o artigo citava o exemplo do projeto SIVAM, o Sistema de Vigilância da Amazônia, então orçado em mais de quatro bilhões de dólares, que estaria sendo inicialmente contratado à empresa Thomson, francesa, e revertido, após a intervenção do Echelon, à norte-americana Raytheon.

Conduzido pela National Security Agency dos Estados Unidos, a NSA[1], o Echelon tivera seu interesse por assuntos econômicos acentuado com a queda do muro de Berlim, em 1989. Na ausência de uma finalidade definida, como tivera sido a guerra fria, o NSA voltou, então, suas antenas para o combate ao terrorismo, à lavagem de dinheiro, ao crime organizado, ao tráfego de drogas e... para o cenário econômico, tendo como alvo as empresas que concorriam contra as empresas norte-americanas.

Lucas pensou na Patmo. Seria ela uma dessas empresas, alvo do interesse dos serviços de inteligência públicos ou privados estrangeiros?

Ao terminar de ler a reportagem, que trazia mais alguns detalhes sobre aquele algo que, no fundo, pouco se sabia, Lucas levantou-se do sofá, apanhou o telefone e ligou para Chico, um vizinho de rua alucinado por computadores e que passava todo o tempo lendo sobre essas máquinas e seu funcionamento. Após dois minutos, havia anotado um número de telefone sob as palavras "Mário - segurança da informação".

— Mário, meu nome é Lucas e o Chico me disse que te avisaria da minha ligação.

Chico também lhe dissera que Mário era servidor público federal licenciado por três anos e tocava uma microempresa de consultoria em segurança de informações.

— Ah! Oi, Lucas, tudo bem? É, o Chico me disse que você ligaria... que você está com um probleminha de segurança...

— É. Na verdade, eu acho que tenho um problemão e nem sei por onde começar. Estou desconfiado de que os dados da minha empresa estão sendo acessados por uma concorrente... Acho que vamos precisar de suporte nesta área. Não temos pessoal especializado nesse assunto, mas, se eu conseguisse elementos técnicos suficientes para apoiar minhas suspeitas, então poderia iniciar um processo de contratação de uma consultoria. Você estaria disponível?

Lucas pensou que dificilmente alguém resistiria a uma conversa destas: uma empresa querendo contratar um consultor para um assunto tecnicamente complexo e urgente. Seria difícil desperdiçar uma oportunidade dessas...

Houve um silêncio inesperado na linha, que durou não mais do que dois segundos, mas longo o suficiente para que Lucas indagasse — Alô?...

— Sim, estou aqui. É melhor tratarmos disso pessoalmente. Quando e onde você sugere que nos encontremos?

---

[1] *A National Security Agency (NSA) é uma organização vinculada ao Departamento de Defesa dos Estados Unidos. Seu objetivo principal é coletar, no mundo inteiro, informações de interesse relevante para o país. O seu orçamento anual é superior a dez bilhões de dólares e seu efetivo total supera os trinta mil funcionários. Tem a seu dispor uma quantidade enorme de computadores e cientistas dedicados a decifrar códigos estrangeiros e criar algoritmos criptográficos para a proteção das comunicações nacionais.*

Capítulo 8

Nova realidade

O Projeto Midas

O silêncio é, algumas vezes, um argumento de consentimento.

Hobbes – O Leviatã.

O Corporate Center é um curioso prédio de janelas espelhadas em azul, localizado na área central de Brasília. A original arquitetura empresta-lhe semelhança ao cubo mágico, o popular brinquedo da década de 1980, um quebra-cabeças tridimensional que Lucas nunca conseguira solucionar, nem superar a resultante decepção consigo mesmo.

Lucas chegou à entrada principal. Eram 8h30 da manhã de segunda-feira, e Mário aguardava-o na portaria. Subiram até o 12º andar conversando sobre como cada um deles conhecera Chico. Chegaram rindo. O escritório de Mário era comprido, com duas mesas e uma pequena porta que devia dar para um lavatório.

Mário jogou algumas folhas de papel em branco sobre uma das mesas e sentou-se em frente a Lucas. Em contraste com o diálogo descontraído do elevador, adotou um tom de voz grave, formal, como que ensaiado.

— Só para tranqüilizá-lo, Lucas, esses problemas de proteção de dados não costumam ser complicados, mas exigem acompanhamento e capacidade de análise de todas as informações que possam ser levantadas sobre o caso. Os detalhes são muito importantes. Talvez tenhamos que fazer um bom levantamento sobre a forma como as informações transitam na sua empresa. A visão do todo é importantíssima. Não é essencial, mas seria útil que eu soubesse a natureza do problema que nos trouxe aqui. Se houver necessidade, posso assinar um termo de sigilo, um documento que garanta minha total discrição acerca do que for tratado entre nós.

Mário tirou de uma gaveta um documento impresso em computador e deitou-o sobre a mesa, voltado para Lucas. No topo da folha lia-se: Termo de Sigilo. Em rápido exame, Lucas surpreendeu-se com a grande quantidade de leis nacionais que protegem o sigilo de informações e resolveu deixar o assunto para mais tarde, se, e quando assuntos sigilosos fossem tratados. Resolveu começar a falar.

— As informações na Patmo transitam normalmente... entre a sede de São Paulo, a produção em Sorocaba, o laboratório em Campinas e o escritório em Brasília... Tudo é feito com muito cuidado. Estranhos não têm acesso às dependências da organização, e acho pouco provável que alguém de dentro passe informações para fora. Somos poucos, pois quase tudo é automatizado na indústria química. Todos se conhecem e são profissionais, unidos, torcendo pelo sucesso dos negócios da empresa... É claro que há sempre aqueles indivíduos em quem a gente não confia muito... de quem jamais se compraria um carro usado...

— Vocês desenvolveram um programa de segurança da informação?

— Não. — Lucas pegou um pequeno caderno de dentro da pasta, virou algumas páginas e anotou a expressão que acabara de ouvir.

Nova realidade

— Acontece que as empresas de hoje têm seus negócios fortemente apoiados em informações, que podem ser técnicas, administrativas, financeiras, sobre os funcionários, sobre causas judiciais, clientes, fornecedores, produtos, preços, pontos de venda, perspectivas de mercado, novos produtos, propaganda, inovações, tecnologia, sistemas computacionais, logística, oportunidades de mercado, estratégia empresarial... e devo ter esquecido muitas outras. Por mais concreto que seja o objeto de uma atividade no mundo moderno, a base de sustentação dos negócios é feita de informações, estejam elas em papel, na memória das pessoas ou armazenadas em computadores. Elas podem estar sistematizadas ou não, mas que existem, existem... e essa base faz parte do patrimônio da organização, apesar de isto não aparecer nos balanços patrimoniais... Alguns chamam essa parte, a que está armazenada em computadores, de ativo digital, em alusão ao ativo patrimonial. Na verdade, as organizações possuem uma série de ativos, e é o conjunto deles que define sua capacidade de competição: patrimonial, intelectual, comportamental, digital e assim por diante... Na hora de investir em ações de uma companhia, a gente deveria consultar todos esses ativos, não apenas o patrimonial...

Mário começou a escrever palavras sobre um dos papéis. Parou por um instante e passou a admirar o lápis que tinha na mão.

— Este lápis, no mundo globalizado, não é formado por 90% de madeira e 10% de grafite, como pode parecer. Ele é formado, essencialmente, por informação. Talvez apenas 30% sejam materiais. O resto é informação. — Mário produziu um silêncio propositadamente longo, para aumentar o efeito do que dizia. — E para competir em um ambiente globalizado, as empresas precisam proteger-se, guardando suas informações. Isto porque elas guardam a sua alma, e o concorrente terá todo o interesse em obtê-las, para melhor se posicionar no mercado. Imagine que o seu maior concorrente consegue o acesso, na Patmo, a tudo aquilo que acabei de citar. Eu posso dizer que a sua empresa não durará mais de um ano. Este é o tempo de sobrevivência que temos observado nas empresas que não conseguem se proteger e têm suas informações estratégicas acessadas pela concorrência. Elas terminam pedindo concordata ou sendo absorvidas por outras maiores.

Mário continuou, aproveitando-se da expressão de surpresa do ouvinte.

— Há muitas formas de se obter informação, e os métodos não são difíceis de executar. O que quero dizer é que não basta proteger dados colocando softwares[1] especiais e firewalls nos computadores. A informação existe em muitos lugares além dos computadores. Existe no cérebro das pessoas, é impressa em papéis, é falada e ouvida nas salas, nos corredores, elevadores... é anotada a mão em papel... e é guardada em disquetes e discos rígidos que, quando estragam ou se tornam obsoletos, são simplesmente jogados fora, sem se observarem quaisquer medidas básicas de proteção. Além disso, a informação é também trocada, pela linha telefônica, entre aparelhos de fax...

---

[1] *Software são as instruções que nós damos aos computadores, e que são reunidas na forma de um programa de computador. Há programas que reúnem milhões de instruções. Hardware são os equipamentos, os chips e os fios. Há quem diga que hardware é a parte que a gente chuta, enquanto o software é a que a gente xinga.*

41

Mário suspendeu a fala, arregalou lentamente os olhos por trás dos óculos perfeitamente limpos para o que, na percepção de Lucas, seria o grand finale. Voltando ao seu estado normal, completou:

— As pessoas falam de tudo ao telefone como se só elas estivessem na linha... A gente vê isto todo dia. A ingenuidade impera em todos os níveis, no governo, nas empresas, entre os amantes... é simplesmente incrível. Se as pessoas ao menos soubessem... Isto ocorre mesmo com indivíduos experientes. Parece que se perdem ao falar ao telefone, que o aparelho lhes produz uma sensação de privacidade, de invencibilidade, de poder... ou de desafio... que os faz revelar tudo ao aparelho... — Mário estava novamente alterado — Já experimentou, só por curiosidade, gravar sua própria voz numa conversa telefônica e depois ouvir a gravação? Talvez você não se reconheça... é que nossa atitude fica alterada... Ontem mesmo... até onde você me revelaria informações sobre o seu problema, enquanto falávamos ao telefone?

Lucas esforçou-se para parecer despreocupado, mas deu-se conta de que não conseguira. Mário estava certo.

— É muito importante dar atenção aos detalhes. Conhecer o fluxo de cada tipo de dado ou informação e observar se tudo acontece conforme previsto. Por exemplo, deixar papéis importantes sobre a mesa sem conhecer a atitude do pessoal da limpeza que, normalmente, tem acesso a todas as dependências da organização, em muitos casos no final do expediente, quando não há ninguém acompanhando seus passos. Quer outro exemplo? Conheço um profissional de propaganda que trabalha para a... uma certa firma X, holandesa, famosa no ramo de cosméticos. Pois ele foi a uma empresa de propaganda para ver as provas de um comercial que iria ao ar em duas semanas. Ao seguir a recepcionista pelo corredor que ligava a recepção ao atelier de criação, ele passou rente a uma bancada onde havia uma pilha de fitas cassete, do formato especial usado em comerciais de TV. Nos rótulos das fitas, todos iguais, estava escrito o nome da maior concorrente da empresa X. O que ele fez? Na saída, ao retornar pelo mesmo corredor, cuidou de ficar por último na fila, passou a mão em uma das fitas e colocou-a na pasta já providencialmente aberta. Resultado: a empresa X lançou uma propaganda simples e barata que anulava todo o esforço da concorrência, antes mesmo de aquele material ir ao ar. Essas coisas valem milhões... e pode até parecer que o prejuízo não foi culpa da empresa concorrente, mas, na verdade, foi...

— Entendi. Cuidados pertinentes estariam previstos no tal programa de segurança que você mencionou no início...

— Exatamente. — Mário mostrou-se triunfante, enquanto recostava-se na cadeira.

— E quer saber mais um detalhe importante? A senha... Sim, as pessoas não se dão conta, mas os computadores não são protegidos por cadeados ou, pelo menos por enquanto, por impressões digitais ou leitura da íris... são protegidos por senhas, um pequeno conjunto de letras ou de números. Parece pouco... e é pouco mesmo... As pessoas, então, escolhem essas senhas, que terminam sendo incontáveis: uma para o cartão do banco, outra para o provedor da Internet, outra para o home banking, outra para o computador do trabalho, a agenda eletrônica, o celular e assim por diante.

Pare para pensar quantas senhas você tem que lembrar, e quantas já esqueceu... Aí, pressionados pelas circunstâncias, acabamos escolhendo senhas fáceis de lembrar, tipo datas de nascimento ou casamento, nomes de parentes, times de futebol, placas ou marcas de carro, palavrões, ou outras palavras conhecidas. Pois bem, se quiser descobrir uma senha, eu tenho várias opções: a primeira é descobrir mais sobre o dono dela, sua família e suas predileções... e, depois, deduzir a senha. Se isto não der resultado, então posso agir como os hackers: eles usam técnicas de invasão para obter os arquivos que guardam as senhas cifradas dos usuários. De posse desses arquivos, eles os analisam usando programas disponíveis na Internet — o mais famoso deles é o Crack — que pegam cada palavra conhecida, da língua que selecionarmos, cifram-na e comparam-na com as senhas cifradas que estão no arquivo de senhas. Quando os cifrados coincidirem, a senha foi encontrada. Isso é feito. Acredite.

— Então, não há segurança nas senhas?

— Boa pergunta. Eu penso que depende do valor do que está sendo protegido por elas. É uma segurança muito limitada... mas há meios de torná-las mais difíceis de serem adivinhadas ou obtidas. Por exemplo, a minha senha no provedor de Internet é MPT4LEC28R, mas fica fácil de lembrar quando eu mostrar-lhe como fiz para escolhê-la: "Meu Provedor Tem 4 Letras E Custa 28 Reais". Ataques que usem ferramentas como o Crack terão problemas em identificar a senha, pois ela não se encontra em nenhum dicionário, e o teste de todas as combinações de letras e algarismos trará muitas dificuldades a um hacker.

— Mas e... os computadores? Eles são ou não são seguros?

— Não, não são, simplesmente porque não foram feitos para serem seguros. Foram feitos para processar dados com rapidez, e depois foram adaptados para trocarem dados com outros computadores. Quanto mais dados puderem trocar, melhor... e, tanto mais rápido, excelente... Hoje em dia, eles têm que ser rápidos, bonitos, coloridos, leves, baratos, mas não se vê muito esforço em torná-los seguros. Isso só vai acontecer quando os clientes deixarem de comprar os equipamentos e os softwares que não ofereçam segurança. Seria uma espécie de seleção natural no mundo da computação.

— Faz sentido. Mas, sendo tão óbvio, porque isto não acontece?

— Porque as organizações precisam, cada vez mais, ganhar competitividade. Precisam investir em meios computacionais eficientes, que lhes tragam essa competitividade. Estão preocupadas com segurança, sim, mas apenas em um segundo nível de prioridade. No primeiro nível, elas precisam sobreviver, obter lucro para os acionistas e transmitir credibilidade.

— Mas, respondendo sua primeira pergunta, há um detalhe nos sistemas computacionais que é fatal. Os computadores são comandados por microprocessadores internos, que executam uma instrução de cada vez. Os programas de computador são simples seqüências pré-definidas de passos que os microprocessadores devem executar e, pode-se assim dizer, o passo atual é que define qual será o próximo. Basta uma única instrução ser substituída para se obter, dali para diante, o controle total do computador por quanto tempo se desejar. É assim que operam os vírus, os cavalos-de-tróia, os programas de controle remoto e toda uma série de programas que podem ser bem definidos como "invasores". O autor de um programa invasor tem poder sobre os passos da máquina a partir do momento em que seu programa é executado, muitas vezes por consentimento inadvertido do próprio usuário, por exemplo, ao abrir um inocente cartão de Natal recebido em um e-mail.

— E como funciona isso?

— Ao abrir o programinha do cartão de Natal, a vítima — Lucas lembrou-se de Rafael, que também usara o mesmo termo "vítima"; talvez ele devesse conversar com mais calma com Rafael e aprender mais sobre o assunto — ... a vítima, na verdade, estará executando o programinha "cartão de Natal". Ora, o programinha, nesta hora, por ordem da própria vítima, dada ao clicar de um botão na tela, estará ocupando o lugar de honra no computador, ou seja, a instrução da vez no microprocessador. Isso dura milionésimos de segundo, mas a partir desse instante, o computador poderá não mais ser o mesmo, ficando a comando do programinha ou de seu dono. É assustador, mas é verdade.

Lucas suspendeu as sobrancelhas enquanto anotava algo.

— Isso tem nome?

— Cavalo-de-tróia[2]. É o tal cartão de Natal de que falei. É um programa qualquer, uma figura qualquer, um joguinho, qualquer coisa que não se pareça com um programa malicioso e que não o faça acreditar estar, ali dentro, uma ameaça aos seus dados. Há muitas coisas que se pode inserir em um programa tipo cavalo-de-tróia, desde simples vírus de computador, até fantásticos programas que permitem o controle remoto do computador por alguém localizado em qualquer parte do mundo. Sim, é possível... seu computador pode ser controlado remotamente, sem você tomar conhecimento. Todos os seus dados podem ser enviados para um espião, pela Internet, e você não ficará sabendo. O mais famoso desses programas controladores remotos foi o Back Orifice. Foi, não, pois ele ainda existe, circula e funciona. Os bons programas antivírus costumam ser capazes de identificar programas desse tipo.

— E o que aparece na tela numa hora dessas?

---

[2] *O grande objetivo de um cavalo-de-tróia é implantar, na máquina da vítima, um programa que permita o controle externo. O princípio do cavalo-de-tróia é que o jeito mais fácil de entrar é usando a própria ajuda da vítima, como fizeram os ingênuos troianos. Um exemplo interessante de cavalo-de-tróia são os próprios programas de computador, aqueles que ganhamos, compramos, conseguimos de graça na Internet ou mandamos fazer. São sistemas operacionais, bancos de dados, planilhas, joguinhos, tudo... dentro de cada um deles, há a possibilidade de estar embutida uma ferramenta especial, devidamente camuflada, e que permite o acesso ao nosso computador por terceiros interessados. Pode parecer exagero, até neurose, mas as dimensões de alguns interesses não permitem a dispensa dessa hipótese.*

— Nada de anormal. A tela é a mesma de sempre. O processamento se dá no que chamamos de segundo plano, em processos secundários permitidos pelos sistemas operacionais, mas que você não vê.

Mário moveu-se na poltrona negra, jogou o lápis sobre a mesa bege... e continuou a falar, agora muito lentamente, como se já houvesse atingido seu objetivo principal.

— As organizações e as próprias pessoas buscam gravar suas informações em meio digital. Isto porque fica mais fácil guardá-las e recuperá-las. Ocorre que os meios digitais trazem vantagens, sim, mas também trazem desvantagens. Uma das desvantagens é a maior vulnerabilidade. E aí? A gente pára de usar computadores? Claro que não, da mesma forma que não deixamos de sair de casa apesar de a violência urbana ser crescente. É uma simples questão de avaliar os riscos frente aos benefícios. Fazemos isso inconscientemente, a todo momento. Afinal, se saímos de casa é porque os benefícios esperados são maiores que os riscos envolvidos. Mas, precisamos investir na segurança desses dados e sistemas. Normalmente, qualquer trocado investido em segurança tem um retorno muito bom. Isto até dá para calcular, transformar em números. Chama-se retorno do investimento, ou usa-se a sigla ROI, do inglês return of investment.

— Retorno do investimento... já ouvi falar nisso.

— É um conceito relativamente recente. Antigamente, o pessoal da informática chegava dizendo... "Para a informática funcionar precisamos de tantos funcionários e tanto dinheiro..." E a direção da empresa providenciava os recursos necessários àquela atividade misteriosa e essencial para a preservação das operações internas, das folhas de pagamento, das contas a pagar e a receber, do controle de estoques e assim por diante. "Deus nos livre de a informática parar..." Hoje, em razão da forte competitividade ente as empresas e da necessidade de restrições nos gastos, os cortes avançaram também em direção à informática. Assim, quando a área de informática diz que precisa de recursos, as direções perguntam: qual a finalidade? Qual o retorno esperado? Em quanto tempo? E com quais riscos que isto traz para os negócios e a organização?

Lucas terminava de anotar a primeira página de seu caderno e avançava para a segunda. Mário falava bastante, e fazia Lucas lembrar-se de uma lenda que ouvira sobre uma tribo africana que acreditava que as pessoas, ao nascerem, traziam um certo número de palavras em seu interior. Conforme elas falavam, as palavras iam-se acabando. Quando não houvesse mais palavras a serem ditas, a pessoa morreria.

Lucas achou que era sua vez de falar. Isto daria a Mário alguns minutos extras de vida.

Capítulo 9

O Projeto Midas

> *Bem e Mal são nomes que traduzem nossos apetites,*
> *e variam com o temperamento, os costumes e as doutrinas dos homens.*
>
> Hobbes – O Leviatã.

— Mário, eu queria passar-lhe algo mais sobre a Patmo. Há dois anos, nosso principal concorrente entrou com um registro de patente... uns dez dias antes de nós. O invento era nosso, foi totalmente concebido e desenvolvido em Campinas. Eu ainda morava lá e participei dos trabalhos. Muitas das informações contidas no registro de patentes, item a item, eram de minha autoria. Ocorre que a concorrência, não sei como, obteve esses dados, e sequer se deu ao trabalho de maquiar os textos. Foi um choque enorme para a empresa, pois muito dinheiro dos acionistas havia sido investido no projeto... que, modéstia à parte, era muito bom. A firma chegou a demitir um colega nosso, por desconfiança de seu envolvimento em um possível vazamento de informações. Eu ainda procuro uma boa explicação para os fatos, e tenho pensado muito nessa questão dos computadores e suas vulnerabilidades...

— O Chico me disse que vocês trabalham com química, não é? É o tipo de indústria em que poucas informações podem traduzir um conjunto enorme de decisões e de investimentos...

— É verdade. Para piorar, não usamos criptografia para a troca de dados. Li a respeito em uma revista de negócios e cheguei a escrever um memorando à direção sugerindo a análise da questão, mas ainda não tive resposta. Isso faz uns quatro meses...

Mário interrompeu, com o indicador direito apontado para cima.

— Isso é muito mais comum do que se imagina. Quando você disse que a empresa não adota criptografia, deixou implícito que também não possui uma política de segurança da informação, ou, se ela existe, é ineficaz. Vou dar um exemplo: Um dos maiores bancos do mundo tem a política de cifrar tudo, tudo, até mesmo os testes de comunicação de dados. Já viu isto? Pois é uma política de segurança. E funciona.

Mário olhou para o relógio de pulso, pela segunda vez.

— Você também mencionou os quatro meses de demora... Um dos problemas em proteção de dados é a burocracia. Quatro meses de demora na resposta a um funcionário que só está querendo ajudar é inadmissível no ambiente altamente competitivo de um mundo já globalizado. Isto pode significar que sua empresa tem deficiências gerenciais. O funcionário motivado que sugere uma melhoria na segurança, ou em qualquer outra área, deveria ter um primeiro retorno em questão de horas.

— Eu entendo que 80% da questão de segurança da informação dizem respeito às pessoas. São elas que têm as idéias e que geram, tratam e aplicam a informação. Também escolhem, configuram e cuidam dos sistemas de proteção de dados. Os próprios programas de segurança de informações são desenvolvidos por... — Mário apontou para o próprio peito — ... pessoas.

Cultura e ficção

— São também pessoas, Lucas, que cedem ou vendem informações aos oponentes, por motivações as mais variadas... e que têm acesso aos sistemas, que escolhem e memorizam senhas de acesso, que são a causa da maioria dos danos, que... ora, vou dar-lhe um dado importante: os próprios funcionários são responsáveis por 70% dos problemas nesta área... e isso é uma média mundial. Acontece aqui, na América do Norte, na Europa, em todo lugar. São elas, as pessoas, que agem responsável ou irresponsavelmente, ao abrir cartões de Natal em seus computadores no trabalho. Mesmo assim, as empresas costumam evitar investir nelas, acreditando que basta instalar um sistema do tipo firewall ou adotar algumas regras básicas... e tudo estará resolvido.

— E isso é fácil de fazer, Mário? Quero dizer, se esse número, os 70%, é um dado mundial, será que os programas de segurança da informação conseguirão reduzir a quantidade de problemas e, por conseguinte, a participação direta das pessoas nessa falhas de segurança?

— Conseguem-se bons resultados, mas não há como eliminar totalmente a ocorrência de problemas. Segurança 100% não existe em aviação, em operações bancárias e nem em sistemas de informações. Não existe em atividade nenhuma. Eu até diria ser 100% seguro admitir que não há segurança 100%.

Orgulhoso de sua última frase, Mário parou de falar por alguns instantes e continuou.

— Pode não existir segurança 100%, mas existe uma certa capacidade de identificar vulnerabilidades e prevenir alguns fatos, dificultar ataques externos e internos, facilitar a identificação da origem dos problemas... Uma parte dos 70% deve-se à ação de funcionários insatisfeitos que resolvem sabotar a organização por motivos que, em muitos casos, só a psicologia explica. Há ainda casos de negligência, imperícia, e assim por diante. Há ainda o aspecto cultural, que é importantíssimo.

— Já li sobre isso. Temos alguns desafios culturais na Patmo.

— Todas as organizações têm desafios culturais. É quando elas descobrem que a empresa não é apenas um conjunto de salas, mesas e computadores, mas um conjunto de pessoas que formam uma cultura. Cada organização tem sua própria cultura. A segurança é um processo de qualidade, e por isto envolve, em uma dada intensidade, a mudança cultural, uma espécie de adaptação às novas condições externas impostas pelo ambiente em que competem por lucratividade... é o mesmo processo que acontece com os seres vivos, que precisam adaptar-se ao ambiente para sobreviver. Simples seleção natural... Charles Darwin funciona aqui também.

Mário parecia ter assunto para dias de conversa, e continuou.

— Cultura é, como se diz, uma faca de dois gumes. Ela pode ajudar muito em uma dada situação, mas pode atrapalhar todo um planejamento. As particularidades da cultura[1] não

---

[1] *Cultura é um conjunto de mecanismos sociais, valores e interpretações, associados a um grupo de pessoas, que influencia a forma como elas entendem e operam o seu ambiente, assim como regula a expectativa e a legitimidade do comportamento individual e coletivo.*

podem ser esquecidas, pois são elas que ditam o comportamento frente às situações. Quer ver como são representativas? Imagine um cachorro sendo assado em um espeto... em todos os detalhes. Agora pense bem... Você comeria um churrasco de cachorro? Registre este seu sentimento, e pode dar-lhe o nome de cultura brasileira, uma vez que, para um chinês, esse mesmo churrasco seria extremamente apetitoso. Assim como a carne de cavalo, para os franceses...

Lucas franziu a testa e jogou o lábio inferior para frente.

— Por outro lado, Lucas, imagine o que outros povos devem pensar da nossa feijoada, com orelhas e rabos de porco... tudo dentro, misturado. Tudo isto é cultura, pura cultura... Assim, para uma mudança cultural funcionar, a nova cultura deve ser absorvida e internalizada. É tão fácil quanto você se convencer a comer um churrasco de cachorro. Assim como existe a cultura nacional, existe também a cultura familiar, o que faz com que as famílias tenham costumes e hábitos diferentes umas das outras. E existe também a cultura corporativa, que distingue as organizações entre si. Alguns autores afirmam que uma organização é um organismo vivo, que reage a corpos estranhos e tende a retornar, após algum tempo, ao seu estado original pela eliminação destes. Por isto, é necessário que todo o processo de segurança seja continuamente reavaliado, sofrendo correções de rumo e que haja uma equipe preparada fazendo isto o tempo todo, simplesmente porque novas vulnerabilidades surgem a todo momento.

— Como assim... a todo momento?

— Os hackers estão aí com novas técnicas, idéias e conhecimentos. Quando a tecnologia dos computadores melhora e a gente pensa que eles ficaram mais seguros, pode apostar que a tecnologia dos atacantes também melhorou, de certa forma compensando e até, em alguns casos, degradando a segurança original. Poderíamos falar sobre os sistemas operacionais numa outra hora, mas posso adiantar que novos sistemas operacionais[2] trazem novas vulnerabilidades. Em geral, os sistemas operacionais mais antigos são mais seguros, principalmente porque estão há mais tempo sendo revistos e corrigidos.

Lucas continuava escrevendo. Seria melhor se ligasse seu mini-gravador, mas não queria constranger Mário com o pedido.

---

[2] *Sistemas operacionais (SOs) são conjuntos de programas que tornam os computadores úteis, operacionais. Há alguns SOs famosos, como o DOS, o Windows, o Unix, o SunDOS, o Linux... Em geral, os SOs são desenvolvidos às pressas e nós não temos acesso aos programas-fonte, o que torna sua segurança muito discutível. Os programas-fonte do Linux são de conhecimento público, o que lhes confere uma expectativa de maior segurança. Há várias organizações e empresas desenvolvedoras que divulgam na Internet listas periódicas com as falhas de segurança nos sistemas operacionais. Para cada SO, surgem dezenas de vulnerabilidades a cada mês. No conjunto, são descobertas, em média, 1400 falhas de segurança em SOs no mundo, a cada ano. São quase quatro por dia... como administrar isso? E o pior... existem ainda as falhas que são conhecidas, exploradas pelos hackers, mas não contabilizadas, uma vez que são mantidas em segredo por seus descobridores...*

Cultura e ficção

— Além do mais, a ficção científica não previu coisas como as redes de computadores e a Internet. Tivemos tempo para imaginar um mundo com o submarino de Júlio Verne, as viagens espaciais de dezenas de autores visionários, os robôs de Asimov e as viagens no tempo... Tivemos condições de imaginar como essas coisas seriam e que riscos elas nos trariam. No futuro, ao retornarmos dos planetas, nos lembraremos do filme "Alien, O Oitavo Passageiro". A humanidade já estará preparada para isso. Assim como o teletransporte da nave Enterprise, na série Jornada nas Estrelas. Ah!... Sim, você se lembra daquele filme em que uma mosca entra junto com um homem numa máquina de teletransporte? Pois é. Já conhecemos os riscos dessas tecnologias antes mesmo de elas existirem... É o que a ficção nos dá de mais valioso... Esta capacidade de exercitar o futuro. Mas a ficção não previu a Internet, não é? Pois eu acho que estamos culturalmente mais preparados para o teletransporte do que para encarar os riscos de um mundo interconectado por computadores cheios de informações.

Lucas limitou-se a sorrir, concordando.

— Lucas, eu tenho que dar um telefonema agora, para São Paulo... depois continuaremos.. tudo bem? A propósito, você acha que essas deficiências administrativas da sua empresa dificultarão minha possível contratação como consultor?

— Talvez. Você precisa me dar o preparo necessário para que eu apresente uma argumentação convincente junto à direção da Patmo.

Mário concordou e pegou o telefone. Lucas levantou-se e caminhou até a janela, de onde podia ver o Lago Paranoá e o horizonte claro da capital federal. Imaginou que, no futuro, o crescimento vegetativo da cidade cobriria o horizonte com prédios e condomínios. Um dia, Brasília tomaria posse do seu próprio horizonte, como ocorrera com São Paulo. Ele provavelmente não testemunharia isso.

Deu meia-volta, caminhou pela sala e aproximou-se de um pôster suspenso na parede. Era um conjunto de procedimentos padronizados sobre segurança da informação, com esquemas sobre metodologias, equipamentos, programas, sites na Internet e publicações úteis. Lucas visualizava, pela primeira vez, o seu desafio. Ele era, na verdade, concreto. Ao lado, havia uma estante com livros. A maioria era escrita em inglês, e pelo menos uma centena deles dedicada a métodos de ataque e de proteção de sistemas computacionais. Lucas alcançou um deles e puxou-o da prateleira. Havia um tubarão na capa. O título era sobre firewalls. Resolveu que o pediria emprestado. Na parede em frente, alguns certificados de cursos obtidos por Mário na área de segurança de dados. Havia também uma foto, onde ele e Chico seguravam um peixe enorme, com um pequeno bote a motor, ao fundo. Pelo cenário e pelo avantajado tamanho do peixe, a foto teria sido batida no Rio Araguaia. Pelo reduzido tamanho da barriga de Chico, Lucas calculou ter sido batida uns cinco anos antes.

Capítulo 10

Riscos vs. benefícios

O Projeto Midas

Lucas ergueu o pulso na horizontal e afastou-o de si, buscando uma posição que lhe permitisse ver as horas sem os óculos. Eram nove e vinte da manhã. A terça-feira ainda produzia muitos telefonemas e adiamentos de compromissos, resultantes da súbita ausência de Luciano. Lucas estava bastante ocupado. Além de seu próprio serviço, acumulara o de Luciano, que era muito e complexo. Ele fora uma daquelas pessoas com uma disposição incomum para trabalhar, que causam cansaço só de se olhar. Colecionava muitos contatos dentro e fora da profissão, dava aulas em faculdades, participava de duas ou três organizações não governamentais e escrevia artigos para revistas e periódicos especializados em química, inclusive no exterior. E tinha muitos amigos e conhecidos, que agora telefonavam com freqüência para saber mais sobre os fatos ocorridos no último sábado.

Mário chegara com exatos dez minutos de atraso e aguardava em pé, imóvel, junto à mesa da recepção, com os braços estendidos e as mãos segurando uma pasta negra em frente ao corpo. A secretária ainda não chegara, e Lucas viera à recepção já pela terceira vez, procurando por ele.

— Sim, Mário... bom que você veio. Como estão as coisas? — Lucas camuflava sua decepção com o atraso, que lhe indicava falta de consideração pessoal. Mas entendia que devia haver um bom motivo para isto. — Por favor, entre. Minha sala não é espaçosa, mas tem uma bela vista para o horizonte do Planalto. Pode olhar à vontade... é grátis.

Metade da vista era ocupada pelo céu ensolarado e azul-claro de Brasília, com algumas nuvens cinza-escuras anunciando uma nova chuva, uma benção para uma região onde há o regime de cinco meses consecutivos de seca a cada ano, tal como as monções na Índia. A metade inferior da paisagem era preenchida pelo verde-claro do cerrado, com árvores de poucas folhas e baixa estatura, quatro metros, em média. Mais próximo à janela, via-se o final da Asa Norte, com prédios residenciais também baixos, com não mais de seis andares.

Lucas sentou-se em uma poltrona azul-marinho e convidou Mário a acomodar-se, enquanto apontava para a cinza-claro próxima à janela. Lembrou-se de ter lido em uma revista que os habitantes dos países mais quentes costumam escolher cores sóbrias para seus carros, móveis e roupas. Já os moradores de países mais frios preferem as mais quentes e vivas, provavelmente para compensar a pouca diversidade de cores existente na natureza nos meses de inverno.

— É um escritório muito agradável, Lucas. Parabéns. Eu gostaria de passar-lhe mais algumas informações sobre como se faz segurança da informação hoje em dia. Você já deve ter percebido o quanto a criptografia é importante no processo de proteção da informação em meio digital. A Tecnologia da Informação usará cada vez mais estas técnicas para alcançar o grau de segurança que os usuários almejam. A criptografia, entretanto, é apenas um pormenor. É muito importante, bem se diga, mas apenas um detalhe no extenso e complexo campo da segurança da informação.

— E quais seriam as outras técnicas de proteção?

— Bem, eu acho que cada profissional faria uma lista diferente, mas no final todas apontariam para o mesmo rumo. Tenho aqui uma lista de aspectos que devem ser obrigatoriamente considerados, uma vez que a negligência de qualquer um deles pode comprometer os objetivos da organização.

Mário começou a buscar a tal lista em sua pasta, mas sem parar de falar.

— Para proteger informações, antes de tudo, é necessário atentar para as pessoas. As informações são obtidas por pessoas, são usadas por pessoas, e devem ser protegidas de pessoas que possam ter acesso a elas e nos causar prejuízos. Os indivíduos de uma organização consciente devem ser treinados para entender o valor da informação e as formas de ataque a que está sujeita. Existe uma ameaça interessante denominada engenharia social...

— Como é isso, Mário? Eu freqüentei a escola de engenharia e nunca ouvi falar disso...

— É uma engenharia nova, — disse Mário, erguendo as sobrancelhas — e só é assim conhecida pelo enorme universo de possibilidades existente na conquista de uma informação a partir de um simples diálogo. Eu já vi profissionais dessa área em ação. Na demonstração, o especialista ligou para a secretária de um diretor de empresa e disse-lhe que trabalhava na informática e precisava fazer um teste com o sistema. A seguir, pediu-lhe que tentasse acessar sua conta na rede e, enquanto isso, dissesse a ele, pelo telefone, todas as teclas que ela estivesse apertando. Em segundos, o especialista tinha o nome e a senha que queria. A partir desse acesso ele descobriu o tipo de sistema utilizado e usou programas específicos para explorar vulnerabilidades nativas existentes. Em minutos, ele obteve acesso ao banco de dados da empresa...

Mário retirou uma folha de papel de dentro da pasta.

— Ah! Aqui está... Achei a lista. Eu a fiz há muito tempo, e confesso que não a tenho revisado há pelo menos uns seis meses.

— Mário, e essa turma que faz engenharia social[1] pode ser processada? Isso é crime, não é?

— Nesse caso particular, ele tinha autorização para tentar entrar na rede de computadores da empresa. Na verdade, havia sido contratado para isso. Muitas empresas contratam especialistas, ou mesmo hackers, para tentar invadir seus sistemas computacionais e, com isso, descobrir onde estão as vulnerabilidades. Em alguns casos, eles só cobram o serviço

---

[1] *Alguns sistemas de computadores são muito bem protegidos, pois têm profissionais competentes cuidando deles, sempre atualizando os patches, usando criptografia e verificando se há sinais de invasão. Quando fica muito difícil entrar nesses sistemas, os hackers decidem apelar para um caminho alternativo, chamado engenharia social. Ora! — pensam eles — se a porta está trancada, basta pedir para entrar... vai que alguém está distraído e autoriza... Quem já entrou de penetra em uma festa sabe como é. O processo da engenharia social baseia-se em dois pontos: primeiro, as pessoas costumam ser mal treinadas e, segundo, sempre aparece um tolo que fala demais. Em alguns casos, os hackers exploram a vaidade das próprias vítimas, como ferramenta de trabalho.*

se tiverem êxito na invasão, o que demonstra o grau de certeza que têm sobre as facilidades existentes. Isso é arriscado para a empresa? Sim, porque está permitindo o ataque. E sabe-se lá até onde o especialista é bem intencionado ou se não vai guardar uma ou duas das vulnerabilidades descobertas para usar depois. Ou, quem sabe, não vai implantar novas vulnerabilidades que lhe dêem, no futuro, acesso ao sistema e lhe permitam uma chantagem ou algo dessa natureza.

— E que opção restaria?

— Boa pergunta. A empresa poderia ter seu próprio grupo de segurança, mas isso custaria caro na maioria dos casos, principalmente por ser esta uma área muito dinâmica, requerendo uma atualização permanente. As vulnerabilidades crescem na proporção do aumento do tamanho dos programas computacionais e as ameaças progridem de forma muito mais rápida e agressiva que as técnicas de proteção. Os especialistas costumam dizer que, se você tem uma informação que precisa realmente proteger, não deve colocá-la em um computador.

— É o caso daquele sujeito nos Estados Unidos que teve acesso às informações de duzentas e poucas pessoas riquíssimas, a partir de informações obtidas em uma revista? Aquilo também foi engenharia social, não foi?

— Exatamente. Segundo publicado, ele obteve os nomes e alguns dados em revistas sobre pessoas ricas e pesquisou mais um pouco na Internet para conhecer mais sobre essas pessoas. Depois ligou para companhias de cartão de crédito e bancos, fazendo-se passar pelas vítimas. Quando alguém lhe perguntava algum dado, para certificar-se da identidade de quem estava do outro lado da linha, coisas do tipo "qual o nome de solteira de sua mãe?", ele tinha os dados, respondia, e recebia cada vez mais informação. Até que obteve os números de cartão de crédito e começou a fazer compras, que eram entregues em endereços temporários ou em uma rede de contatos. Só foi apanhado pela polícia por exagerar nos gastos, mas o fato é que as organizações, mesmo bancos e companhias de cartão de crédito, não costumam ter a segurança que se imagina. Mentalidade de segurança é difícil e custosa de implementar, e nunca se tem certeza se será eficaz, quando necessário.

O telefone tocou. Mário aguardou enquanto ouvia o que parecia ser um recado de uma secretária dizendo que não poderia vir trabalhar.

Capítulo 11

Fax, lixo e crimes

— Há um outro caso célebre, Lucas, sobre uma empresa norte-americana que presta serviços na área de certificação digital. Isso quer dizer que eu pago uma quantia anual e ela me dá um arquivo de computador, onde há dados sobre mim e que me identificam. A empresa assina esse documento digital, garantindo a toda a humanidade que aquele certificado é meu e de mais ninguém. Em outras palavras, ela certifica que me conhece. Com isso, posso me comunicar na rede de computadores, onde todos terão certeza de estarem falando comigo. Posso comprar, vender, assinar contratos e assim por diante, porque as partes estarão devidamente identificadas. Mas aconteceu que um funcionário dessa empresa certificadora foi ludibriado e induzido a emitir um certificado para uma pessoa que se dizia trabalhar em uma famosa firma de informática. Um resultado desastroso. Como ninguém sabe quem é esta pessoa, ela pode estar, neste momento, mandando-lhe software, ou informações falsas, que o seu sistema está aceitando sem problemas. Ou seja, eu diria que esses sistemas seriam eficazes se não tivessem, em algum momento, interferência humana. É esta interferência que permite, e na prática determina, a degradação da segurança.

Lucas percebeu que, se deixasse, Mário falaria por dias seguidos. Mas estava aprendendo. Talvez em uma daquelas frases estivesse a resposta para a situação da Patmo.

— As empresas podem conscientizar seus funcionários, escolher melhor seus programas, estruturar as redes de forma mais conveniente para o trabalho de segurança, implantar ferramentas de segurança como anti-vírus, gerenciadores de redes, IDS[1], backups, proteção contra desastres e assim por diante... todos são itens obrigatórios em um programa de segurança da informação... mas, quando se adotam sistemas de chave pública, o cenário sofre uma alteração muito forte... o fato é que os maiores especialistas em segurança da atualidade condenam o excesso de confiança que está sendo depositado nesses sistemas de chave pública. É verdade que haverá economias de escala, com maiores facilidades e rapidez, haverá maiores facilidades no combate às fraudes...mas, será que as identidades das pessoas e dos computadores estarão devidamente preservadas? A pergunta a ser feita é: estou em busca de economia e velocidade... ou de credibilidade? Se o objetivo for credibilidade, não faz muito sentido abrir mão dela em troca de qualquer outra coisa... simplesmente por já existir um objetivo pré-ajustado.

— Você quer dizer que os sistemas de chave pública oferecidos pelos bancos e outras organizações não são seguros?

— Eu posso explicar melhor. A tecnologia de chave pública existe há poucos anos, contudo existem sobre ela pelo menos dez indagações clássicas[2] ainda não respondidas.

---

[1] *Intrusion Detection Systems são programas que têm por finalidade investigar tudo o que acontece em um computador ou em uma rede deles. Os bons produtos acusam as tentativas de invasão nos sistemas. Em muitos casos, eles prejudicam o desempenho dos computadores.*

[2] *Bruce Schneier, respeitado criptologista deste início de século, defende que a tecnologia de chave pública ainda não oferece a necessária segurança, e apresenta seus argumentos no endereço www.counterpane.com.*

Fax, lixo e crimes

Muitos que se dizem profissionais insistem em ignorá-las, pois ainda há compradores maravilhados e incautos que aceitam suas promessas. O governo inglês, por exemplo, fez uma análise de risco sobre o assunto e decidiu que a tecnologia ainda não está suficientemente provada para ser adotada no país, além de ser muito cara. Além disso, o que se tem observado, na prática, é que não aconteceu a esperada compatibilidade entre os produtos existentes no mercado. Há especialistas que consideram que a tecnologia de chave pública não tem futuro. Só o tempo dirá, mas é prudente ficar alerta.

— O foco do nosso trabalho, entretanto, não pode ficar só nisso. Se olharmos à nossa volta, veremos muitos outros itens que vulnerabilizam nossa segurança: o telefone, o fax, o lixo, as comunicações via rádio, o satélite e os próprios funcionários da organização.

— O telefone é reconhecidamente um mecanismo excelente para permitir escuta. É fácil interceptar e gravar conversas ao telefone, pois tais aparelhos foram feitos para comunicar, não para serem seguros. Quando aparecer alguém que lhe diz saber identificar se uma linha está interceptada, desconfie, pois há tecnologias avançadas de escuta que não permitem esta identificação. No caso do telefone celular, há equipamentos que interceptam os sinais de celular, e neste caso, nem há necessidade de a interceptação ser feita diretamente na linha. Basta ligar o aparelho e captar as ondas de rádio que estão no ar. Mesmo assim, poucos profissionais dão-se conta dos riscos a que estão sujeitos, ao tratar certos assuntos ao telefone. As empresas deveriam listar, em suas normas internas de trabalho, os assuntos que não podem ser tratados ao telefone. O outro item aí da lista é o... qual é mesmo?

Lucas ergueu a lista, olhou-a, sorriu e disse:

— ...Lixo?

— O lixo, claro, esse esquecido. Conheço um empresário que vive prosperamente da sua venda, e não está no ramo da reciclagem. Ele vasculha o lixo de empresas em busca de dados e informações, filtra-os e oferece-os à concorrência em troca de dinheiro. Parece mentira, mas é fato. Na América do Norte, o assunto chegou à Justiça. Uma empresa processou outra, por invasão de privacidade, ao constatar que seu lixo era recolhido por esta, diariamente, antes de a limpeza pública passar. A decisão do juiz foi a seguinte: se o lixo estiver dentro dos limites da propriedade da empresa, então é privado e não pode ser recolhido. Se estiver do lado de fora, em área pública, simplesmente não tem dono: é de quem pegar primeiro. O próximo item é... Olha, eu não poderei tratar todos eles aqui, mas entendo que isso basta para lhe dar uma idéia dos desafios que temos pela frente... certo?

— Certo. O próximo é... fax.

— Pois é. Toda empresa tem um fax, por ser uma mão-na-roda na transmissão de mensagens, desenhos, fotos, recortes de revistas e outras imagens. O que as empresas não se dão conta é que o fax também pode ser interceptado. Basta ter o equipamento apropriado. Há ainda uma outra prática interessante. Os aparelhos de fax costumam ficar numa área comum, na secretaria. Eles raramente são pessoais. Assim, as mensagens que chegam para as diferentes áreas da empresa costumam ser vistas, sem controle, pelas pessoas que têm acesso à secretaria. E aí, tchau para a confidencialidade. Em minutos, toda a organização fica sabendo do fax que acaba de chegar para o diretor. Certa vez, vi um equipamento curioso, que mandava fax criptografado usando uma senha. Quando a mensagem chegava, o nome do destinatário aparecia num visor. O interessado era chamado, digitava a sua senha no aparelho, e só então a mensagem era impressa. São equipamentos normalmente caros, mas que podem contribuir bastante para a competitividade da empresa.

— O rádio é outro problema. Muitas empresas dependem do rádio, do celular ou do satélite para trocar informações entre suas unidades. Se os sinais não estiverem devidamente protegidos por criptografia, a interceptação de informações será facílima.

— Computadores são realmente um caso à parte. Temos que nos lembrar que essas máquinas têm que se comunicar entre si para atingir os objetivos corporativos de forma mais eficiente. Para que tal comunicação seja possível, são utilizados padrões abertos de interconexão, ou seja, padrões que todo mundo conhece. E esse conhecimento pleno, de certa forma, vulnerabiliza os sistemas formados por conjuntos desses computadores.

— Além do que, Lucas, tudo isto ocorre em um ambiente de mudança cultural, e isto, sim, é complicado. As pessoas e as empresas estão se adaptando aos novos meios de processamento da informação. Essa adaptação ocorre em várias frentes necessárias e uma destas frentes é a segurança. As empresas orgulham-se de haver transferido todas as suas informações para computadores, entendendo que com isso estão na crista da onda em termos de competitividade. Pode ser, mas, em alguns casos, o melhor seria preservar certos dados e informações em ambientes supercontrolados e até, quem sabe, nunca migrar para os sistemas informatizados. Mais uma vez, vemos que a segurança não deve ser sacrificada em nome da conveniência.

— Existe algo interessante de que não nos damos conta quando lidamos com redes de computadores: qualquer um pode estar do outro lado da linha. Não há como identificar quem está do outro lado... pode ser um impostor tentando se passar pela pessoa certa. É aí que entra o processo de autenticação, que pode ser feito por um sistema de chave pública ou por leitura de impressão digital, por leitura de íris e assim por diante. Aliás, eu gostaria de convidá-lo para uma aula sobre o assunto, que darei na Universidade de Brasília, ainda nesta semana. Acho que é na sexta-feira...vou olhar minha agenda... você pode?

Mário retirou do bolso do paletó um pequeno bloco com espiral, e, enquanto falava, anotou o local e a hora da aula. Arrancou a pequena folha de papel e colocou-a sobre a mesa, em frente a Lucas, que já pensava se não seria agradável voltar à universidade depois de tantos anos.

— Aí estão o local e a hora da aula. Melhor ir com uma roupa informal... Os computadores trazem também, Lucas, novidades incríveis em termos de ameaças. Imagine que, neste exato momento, as informações da sua empresa podem estar sendo acessadas e adulteradas por um hacker esperto que more num apartamento em Kuala Lumpur, na Malásia. Imagine que ele pode implantar programas no seu computador fazendo com que a máquina passe a ter dois comportamentos distintos: um que você vê e controla, e outro sob o controle dele — o hacker — e invisível para você. Seu computador pode, por exemplo, enviar dados para fora, sem você saber. Basta ter o programa certo — ou errado... — rodando na sua máquina.

— Usando um cavalo-de-tróia?...

Mário acenou verticalmente com a cabeça. Em silêncio, anotou algo em seu bloquinho e prosseguiu.

— Os especialistas dizem que nunca haverá computadores invioláveis. Isso está parecendo ser verdade. As leis de diversos países têm procurado tipificar o crime de computador, na tentativa de conter os cibercrimes, que são crimes efetivados através das redes de computador. Não há mais necessidade de ir-se até o banco para roubá-lo. Assaltos ficaram muito práticos para os bandidos. Nesse aspecto, a tecnologia da informação foi ótima também para eles. Basta-lhes enganar o computador, fazendo-o pensar que está "falando" com um cliente, e depois é só transferir o dinheiro para uma conta falsa. Alguns bancos têm sofrido pesadas perdas, que não são divulgadas para preservar a imagem de segurança e credibilidade que pretendem transmitir. Tais perdas, no entanto, são altamente compensadas pelos ganhos, já que os custos operacionais dos bancos caíram incrivelmente com o uso da informática.

— Aí, vem o ciberterrorismo, que trata do terrorismo cometido por intermédio de computadores. Observe que as grandes infra-estruturas físicas são hoje controladas por sistemas lógicos: os computadores. É teoricamente possível usar um computador — desses que a gente compra em qualquer lugar, financiados em 24 vezes — para desviar linhas de trem, interromper o fornecimento de energia elétrica, parar o trânsito de uma metrópole, dar um nó no controle de tráfego aéreo... metrôs... controle de mísseis balísticos... satélites... e assim por diante. Isso pode ser realizado por um terrorista ou até mesmo um país inimigo, caso em que teremos o que chamamos information warfare, sem tradução consagrada para o português, mas que seria algo como "guerra de informações".

— Neste tipo de guerra, veremos um país atacando a capacidade de gerenciamento digital do seu inimigo. Imagine se você tirasse o seu saldo bancário hoje mesmo e descobrisse que, ao invés de ter um crédito, tivesse na verdade uma dívida fenomenal. Você iria ao banco reclamar, certo? Agora imagine se todas as contas bancárias do país tivessem este problema, e que não fosse possível reclamar. Afinal, as comunicações estavam interrompidas porque elas também dependem de sistemas de computador e de satélites para funcionar. Além disso, lembre-se que muitos sistemas de controle de energia e de transporte são totalmente informatizados. Tudo o que temos nos bancos são dígitos, nada mais, e a troca destes causaria o caos em minutos. Bolsas de valores chegariam ao colapso e moedas perderiam seu valor relativo e absoluto. Qualquer outro esforço de guerra seria inútil, uma vez que não haveria meios de encomendar bens ou serviços para o esforço de guerra. A paralisação significaria enorme perda para uma nação despreparada, tudo sem o disparo de um tiro sequer. O conceito de information warfare é muito mais extenso do que isso, mas... deu para imaginar? Isso tudo é meio paranóico, concordo, mas usar dois aviões lotados para derrubar dois prédios cheios de gente em Nova Iorque também era uma idéia paranóica. Aconteceu sem o disparo de um tiro sequer...

Lucas começava a sentir-se anestesiado. Ficou pensando que Rafael também gostava de falar. Determinou-se a mudar o rumo da conversa assim que possível, pois estava mais interessado nas medidas de segurança que teria de adotar. Mário, entretanto, já havia iniciado nova frase.

— Voltando ao nosso assunto original, um outro agente importante e que muito contribui para o aumento desses riscos são os programas de computador — os softwares — que muitas vezes vêm com defeitos de fabricação. Esses defeitos não seriam perigosos se apenas impedissem o software de funcionar. O problema é que, em geral, possibilitam a invasão das redes de computadores por pessoas não autorizadas. Há listas enormes de defeitos nesses softwares. Elas costumam ser publicadas por hackers ou, às vezes, pelos próprios fabricantes. O grande problema é que nós, os mocinhos do filme, não temos tempo disponível para ficar olhando se foi descoberta alguma vulnerabilidade recente nos programas que usamos. Mas, os hackers têm esse tempo livre, e são informados das vulnerabilidades antes de nós. Assim, nossa desvantagem é permanente.

Mário pediu a lista a Lucas, anotou um item ao final, e continuou.

— Mas o importante mesmo, no que diz respeito à proteção de dados, é a atitude das pessoas. E, precedendo a atitude, a conscientização de segurança. Tudo isto faz parte de um processo de adaptação cultural, como mencionei antes...

"Medidas. Aqui vamos nós..." — pensou Lucas.

— Desculpe interromper, Mário, mas... como é feito esse processo? Quero dizer... de forma objetiva, como é que uma organização promove a conscientização de seus funcionários, e obtém êxito ao alcançar um novo patamar de cultura de segurança?

Mário olhou o relógio e tirou o celular do bolso do paletó. Eram quase 10h30.

— Eu já respondo. É que eu fiquei de dar um telefonema nesta hora. Dê-me licença, por dois minutos.

O telefonema foi curto, talvez tenha durado apenas vinte segundos. Mário repetira praticamente as mesmas palavras que dissera a Lucas durante sua primeira conversa ao telefone, no sábado:

— Sim... talvez seja melhor tratarmos disso pessoalmente. Eu ligarei para o seu celular para acertarmos um encontro. Certo. Obrigado.

Lucas sentiu-se confortado em saber que alguém mais estava com um problema de segurança da informação. Talvez devesse criar a AIAI, a Associação dos Internautas Anônimos Invadidos.

Capítulo 12

Estranhos caminhos, os desses dados

O Projeto Midas

Augusto verificou, mais uma vez, cada um dos círculos que havia marcado nos classificados do Correio Braziliense daquela terça-feira. A melhor oferta era a de um laptop de 500 MHz com HD de 10 Gbytes, em estado de novo e com drive para CD. Ligou mais uma vez para o número de celular.

— Alô, Daniel? Sou eu de novo, o Augusto. Como é que a gente faz para eu ver o micro?

— Você me dá o endereço que eu levo aí, tá certo?

Augusto Ferreira estava fazendo um bom negócio. Novo, um laptop desses custaria perto de 5.000 reais, e ele só pagaria um terço disto por um usado. Não haveria garantia ou acessórios, mas o preço era excelente, mesmo para pagamento à vista, em dinheiro. Seguramente, tratava-se de um aparelho roubado, pois os usados custavam mais caro, cerca de 2.800.

Às 10h30, o rapaz apertou a campainha e identificou-se pelo interfone. Augusto, que já prendera os cachorros, buscou o rapaz no portão. O laptop foi colocado sobre a mesa de jantar. Augusto examinava o aparelho enquanto o rapaz espetava o cabo na tomada.

O aparelho deu uns estalos e, após alguns segundos, a tela encheu-se de azul.

— Parece que está funcionando. O que vem instalado?

— Não sei dizer, agora. Você sabe ver?

Definitivamente roubado, pensou Augusto. O vendedor nada sabia sobre o equipamento. Tentou imaginar o ex-dono e a angústia que estaria sentindo naquele momento, pela perda do aparelho. Tentou afastar os pensamentos, mas não teve sucesso...

A tela azulada mostrou um retângulo cinza com um pedido de senha.

— Qual é a senha?

— Senha? Ih! O meu sócio não me disse.

Augusto conhecia aquele sistema de proteção. Fazia parte de um pacote de utilitários fornecido por uma empresa canadense chamada LockTop, específico para proteção de laptops. Depois de trabalhar durante cinco anos em uma empresa prestadora de serviços na manutenção de bancos de dados, passara a conhecer uma série de mecanismos de proteção. Isso, claro, aliado ao seu hobby predileto, que era fuçar programas de computador em busca de falhas e erros. Tais descobertas representavam mais em termos de prestígio do que a assídua execução de seu trabalho cotidiano. Augusto participava também de alguns grupos de discussão[1] na Internet sobre furos, quebras, bugs e defeitos de software. Para este software, a seqüência de chaves usada para liberar o acesso à máquina não

---

[1] Os grupos de discussão são formados por pessoas que têm interesses comuns sobre determinado assunto e que usam a Internet como sala de reunião. Na verdade, essas pessoas podem-se ajudar muito e trocar muitas idéias sem nunca se terem visto. Há grupos de discussão sobre tudo: esportes, informática, medicina, política, fã-clubes, religião, culinária, religião, mecânica de automóveis, ecologia e até álbuns de figurinhas.

estava escrita no manual, mas Augusto lembrava-se de que usava algumas teclas da extrema direita e outras da extrema esquerda do teclado.

Augusto apertou simultaneamente as teclas Ctrl esquerda, Alt, F9 e a Shift direita. Nada. Tinha certeza sobre o Ctrl e o F9. Variou as outras duas teclas, espalmando as mãos sobre o teclado para alcançá-las. O rapaz assistia, imóvel. Augusto tentou várias combinações de teclas, buscando aquela que permitiria entrar no sistema sem digitar a senha correta. Os programadores costumam usar esses truques para facilitar o desenvolvimento do software. São chamados "portas-dos-fundos", e permitem que se possa avançar até o local desejado do programa sem ter que passar por uma série de etapas enfadonhas. Isso acelera o processo de desenvolvimento do software, mas, em muitos casos, os programadores esquecem de tirar estas "portas-dos-fundos"... Elas permanecem para sempre no software e de conhecimento apenas do seu programador. Tais vulnerabilidades decorrem da displicência humana, uma característica natural também presente nos programadores de software. Associadas a uma outra característica, também humana, a cobiça, elas logo se converteram em ameaças, uma vez que alguns programadores passaram a adotar a prática para obter posterior livre acesso a dados e informações de seus clientes ou concorrentes.

Após um minuto, o retângulo sumiu e o cursor apareceu na tela.

— Em vez de Shift, era Del... — disse Augusto, tentando ser natural e passar a impressão de que fazia aquilo todos os dias.

Examinou, então, o conteúdo do disco.

— Tem muita coisa instalada aqui. — disse Augusto — e bastante espaço livre. Legal, eu fico com ele.

Abriu uma gaveta da mesa e entregou ao rapaz um bolo de notas de cinqüenta.

— Aí está o combinado. Por favor, confira enquanto eu testo o drive de disquete.

Sentiu remorso durante o ato, mas pensou que aquilo fazia parte de um jogo. Precisava muito do laptop.

Assim que o rapaz saiu, Augusto examinou detidamente o conteúdo do disco rígido. Havia um conjunto de programas que chamou sua atenção. O programa principal chamava-se PATMODB.EXE. Pelas terminações dos arquivos que compunham o diretório, tratava-se de um banco de dados. Augusto executou o arquivo e o programa exigiu conexão com a linha telefônica. Augusto recusou o pedido, desistindo de executar o programa, e seguiu examinando outros diretórios e arquivos.

Capítulo 13

Protegendo informações

Após o telefonema, Mário fez algumas anotações em sua agenda eletrônica e voltou-se para Lucas.

— Antes de responder sobre como se obtém conscientização, Lucas, deixe-me explicar o que vem a ser a Segurança da Informação. Nós damos este nome à atividade multidisciplinar que desenvolvemos no sentido de prover disponibilidade, integridade e confidencialidade aos sistemas de informações.

— Disponibilidade significa ter a informação disponível no instante em que dela necessitamos. Afinal, de nada adianta montar um fabuloso banco de dados contendo zilhões de dados se, no exato momento em que deles precisarmos, descobrirmos que não temos mais o acesso à informação % imagine isso acontecendo a um controlador de vôo. Todo o esforço despendido na concepção e implantação do sistema terá sido inútil, pelo menos naquele momento, e todos os recursos investidos terão sido desperdiçados. A disponibilidade pode ser obtida mediante o emprego de equipamentos confiáveis e planos detalhados sobre o que fazer em caso de incidentes que ameacem a operação dos sistemas. Esses planos são chamados planos de continuidade, porque buscam evitar a paralisação dos serviços de informações durante panes nos sistemas, falhas de operação, interrupção das comunicações, falta de energia, raios, enchentes, vírus e tudo o mais que possa remotamente representar uma ameaça à prestação dos serviços.

— O segundo grande objetivo da Segurança da Informação é a autenticidade dos dados. Queremos que as informações estejam sempre intactas, sem modificações, da mesma forma que não queremos que um cheque ou uma certidão sejam adulterados. Há várias formas de descobrir se um documento em papel sofreu alguma modificação: um simples exame visual ou uma perícia especializada podem nos dar essa certeza. Como fazer isso, entretanto, num documento digital? Afinal, são meros registros magnéticos que podem ser facilmente alterados sem deixar rastros. Pois bem, há diversas formas de atestar, com altíssimo grau de certeza, que uma dada informação gravada em computadores está em seu estado original, sem modificações. A criptografia é a solução para esses casos.

— Ainda sob o manto da autenticidade, Lucas, temos que garantir a autoria do documento. Carteiras de identidades, cheques e certidões são assinadas, e serão autênticas se a assinatura puder ter sua autoria comprovada. Essa comprovação de autoria é feita em um cartório, não é mesmo? Da mesma forma, um documento eletrônico pode ser assinado — usando assinaturas digitais — e ter sua assinatura reconhecida por um cartório eletrônico. Tais cartórios são também chamados de autoridades certificadoras e têm exatamente as mesmas funções dos cartórios tradicionais.

— O terceiro grande objetivo é a confidencialidade. Não queremos que pessoas não autorizadas tenham acesso a informações que não lhes digam respeito. A criptografia é, de novo, a ferramenta de ouro para cuidar disso. A criptografia permite que apenas pessoas autorizadas tenham acesso ao conteúdo de um documento. Vou falar sobre isso na aula de sexta-feira.

— Há diversos processos que podem ser empregados para esconder informações. Um deles é a esteganografia, uma técnica que permite disfarçar uma mensagem dentro de uma imagem, ou de um arquivo de dados ou de voz. Li um livro clássico sobre criptografia, intitulado The Code Breakers, escrito pelo Khan. Ele trazia algumas imagens, usadas na Segunda Guerra Mundial, contendo mensagens disfarçadas. É interessante como se pode fazer um desenho e nele embutir informações que só uma pessoa alerta poderá encontrar.

— Também dá para esconder mensagens dentro de outras mensagens, pinturas, músicas, em virtualmente todos os meios usados para a comunicação. Apesar de serem poucos e facilmente identificáveis, os procedimentos usados para evitar a realização desses objetivos costumam ser bastante complexos. Assim como é fácil dizer que o objetivo de um exército é vencer uma guerra, a realização do objetivo consiste de mecanismos complexos, como estratégias, planos táticos, batalhas, suporte logístico, atualização tecnológica, interpretação dos movimentos do adversário e adequada preparação prévia. A guerra de informação é uma guerra sem fim, que se desenvolve neste mesmo instante em vários cenários no mundo inteiro, inclusive contra as organizações onde trabalhamos, sejam elas empresas ou governos. O cenário muda a cada instante, pois a cada momento novas vulnerabilidades são identificadas e novas ameaças surgem.

— Nossa defesa se desenvolve em várias etapas. A primeira é o que chamamos de análise de risco. Temos de entender o que está acontecendo no ambiente dos nossos negócios. Temos de avaliar se as tecnologias que pretendemos empregar realmente nos darão algum retorno, ou se nos trarão despesas e problemas maiores do que os lucros e a tranqüilidade almejados. Isso pode parecer óbvio, mas é enorme o número de organizações que queimam essa etapa para depois concluir que as soluções eram mais complexas e mais caras do que o previsto.

Mário desenhou um fluxograma:

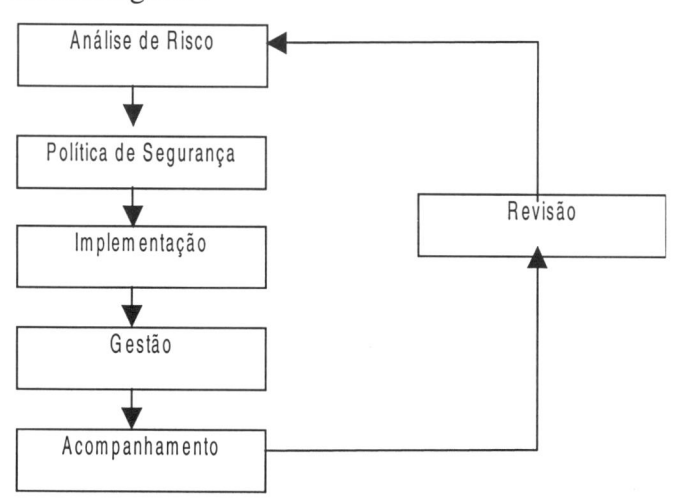

```
┌──────────────────┐
│ Análise de Risco │◄──────────────────┐
└────────┬─────────┘                   │
         ▼                             │
┌──────────────────┐                   │
│ Política de Segurança │              │
└────────┬─────────┘                   │
         ▼                   ┌──────────────┐
┌──────────────────┐         │   Revisão    │
│  Implementação   │         └──────▲───────┘
└────────┬─────────┘                │
         ▼                          │
┌──────────────────┐                │
│      Gestão      │                │
└────────┬─────────┘                │
         ▼                          │
┌──────────────────┐                │
│  Acompanhamento  │────────────────┘
└──────────────────┘
```

— Aliás, fazemos uma análise de risco a cada momento de nossas vidas. Pode ter certeza. Sempre identificamos se os riscos compensam os benefícios, seja para ganhar dinheiro trabalhando, seja para investir, casar, ter filhos, viajar, comprar um carro e assim por diante. Apesar de parecer intuitivo, é enorme a quantidade de empresas que não fazem essa análise... e montam sistemas de informações, onde inserem seus dados preciosos, sem antes avaliar se são ou não apropriados, e se correspondem a uma necessidade real da organização. Alguns "profissionais" propositadamente pulam essa etapa, com o objetivo de constituir uma situação de fato, ou seja, quanto mais problemas acontecerem no futuro, melhor... mais necessários eles próprios serão.

— E esta análise, Mário... dura quanto tempo?

— A análise de risco é um processo demorado porque envolve, antes de tudo, coleta de informações. Uma decisão nossa, sobre um dado assunto, será tão boa quanto a qualidade das informações que detivermos sobre ele e sobre outros assuntos a ele relacionados. Isso vale em todos os exemplos que dei. Em geral, a análise de risco demora meses, porque envolve coleta e análise de informações. Isto tem que ser feito por profissionais, com o auxílio do pessoal da organização, que conhece o fluxo da informação dentro dela. É essencial saber por onde a informação passa, em que lugares e computadores fica armazenada e quem são as pessoas que a ela têm acesso. Isto torna evidente o tipo de trabalho a ser feito e onde ele deve ser feito. Proteger de menos é arriscado, proteger demais é caro. Procuramos proteger o que é necessário e de acordo com o orçamento disponível. Tais respostas serão dadas pela análise de risco. Se alguém quiser te vender segurança sem antes oferecer uma análise de risco, desconfie.

Mário apontou para o fluxograma.

— O segundo grande passo é o desenvolvimento da política de segurança da informação. Esta é desenvolvida, novamente, por especialistas em segurança, mas agora de acordo com as diretrizes e a cultura próprias da organização. É esta política que vai definir o valor da informação e a sua melhor proteção. Ela também definirá as responsabilidades das pessoas que lidarem com informações importantes, estabelecerá os limites máximos de emprego dos sistemas de informação e os requisitos mínimos de segurança a serem adotados. Muitas políticas deixam de fixar esses pontos básicos e tornam-se até prejudiciais, porque ao omiti-los não fazem nada além de implicitamente autorizar procedimentos e comportamentos que podem representar riscos.

— Uma política bem elaborada costuma resultar numa única folha de papel, no máximo três. Todos devem conhecê-la profundamente, por isso deve ser curta e objetiva. Algumas organizações conscientes cobram o pleno conhecimento da política e dos procedimentos antes de dar uma promoção a seus funcionários. No devido tempo, o novo assunto é assimilado.

— A terceira grande etapa é a implantação, que consiste em colocar para funcionar aquilo estabelecido na política. O processo depende, o mais das vezes, de uma mudança cultural. Aí, fala-se muito em conscientização, em treinamento e em educação das pessoas que lidam de alguma forma com a informação. Cuida-se da aquisição e instalação dos equipamentos e dos programas de segurança apropriados. É importante lembrar que cada organização é diferente de outra. Suas equipes, e a forma como tratam a informação, constituem o grande diferencial competitivo da atualidade. Isso significa que a solução de segurança formulada para uma organização provavelmente não servirá para uma outra.

— A questão da cultura é vital. Se for muito negativa, refratária aos ventos da mudança, pode até impedir a implantação de processos de segurança. É necessário, antes de tudo, portanto, conscientização das pessoas que trabalham com a informação. Muitos técnicos acreditam — e algumas empresas de segurança insistem, já que lhes representam vendas — que segurança é feita com equipamentos e software. Há uma outra linha de trabalho que acredita que 80% do trabalho de segurança deve ser feito junto a pessoas. Eu também penso assim. E devemos aqui lembrar que pessoas são, por definição, seres complexos. Se estiverem conscientizadas do valor da informação que detêm e colaborarem preventivamente, muito pouco restará a ser feito pelas máquinas ou programas de computador. Em contrapartida, mesmo que sejam gastos milhões em máquinas, se as pessoas continuarem a agir de forma leniente, a segurança de nada valerá. É o caso do vigia que detém a chave de um portão e o abre, interessada ou desinteressadamente, ao primeiro assaltante que surgir.

— É aí que entra nosso cuidado com a mudança cultural. Pouco adianta colocar obstáculos tecnológicos ante as pessoas, pois elas encontram meios de ludibriá-los. A tecnologia de segurança costuma ser estática e passiva, enquanto pessoas costumam ser dinâmicas e ativas. A realidade vem demonstrando que as pessoas terminam vencendo essas barreiras. Se, por outro lado, tivermos feito a conscientização, os resultados globais serão intensificados. Se o vigia estiver integrado à realidade do portão e das pessoas e bens que protege, e achar-se com ela comprometido, a segurança do prédio será bem maior, mantida a mesma tecnologia.

— Voltando àquela pergunta, Mário. Como obter esse envolvimento?

— É um processo interessante. Algumas organizações realizam reuniões onde oferecem comida, pois onde há comida as pessoas acabam aparecendo. São oportunidades onde se apresentam tópicos sobre segurança da informação e sua importância para a organização. O grande objetivo é obter a cooperação das pessoas, transformando-as... elas deixam de ser pontos vulneráveis e passam a ser identificadoras, promotoras e multiplicadoras da segurança. Cartazes temáticos, filmes e outras ações podem provocar essa mobilização. Essas coisas, quando bem feitas, não costumam ser caras.

— E basta estar mobilizado?

— Precisa-se, também, de ferramentas, que são os softwares e equipamentos específicos... Há softwares especiais de investigação, de detecção de ataques, de contra-ataques, de bloqueio de invasão, antivírus, gerência de redes e muitos outros. A mesma tecnologia computacional que nos proporciona mais segurança na área criptográfica, por exemplo, também permite maior força de ataque aos hackers, pois eles usam programas eficientes, em computadores velocíssimos, para tentar invasões e quebras das chaves de cifração. Há uma infinidade de produtos no mercado, sendo que muitos são bons e atuais. Por incrível que pareça, esta é a parte fácil. A difícil é convencer as pessoas, principalmente no caso da nossa cultura, a brasileira, que não costuma dar muito valor ao sigilo das informações. As culturas que melhor compreendem o valor da informação são aquelas que conviveram com guerras, quando não são permitidos deslizes com a informação. A proteção contra espiões ou traidores, dentro e fora do teatro de guerra, é fator vital em um conflito.

— O passo seguinte é a Gestão de Segurança....Uma vez implantada, a segurança deve ser gerenciada no seu dia-a-dia. Para tanto, precisamos de gestores que cuidem da administração da segurança. Eles devem ter voz ativa, além de condição de determinar quando, e se uma certa operação põe em risco o patrimônio de informações da organização. Devem também ter, à disposição, equipes técnicas para avaliar situações, corrigir problemas e treinar pessoas na arte de proteger as informações de interesse da organização.

Mário apontou para a lista, que já passara para as mãos de Lucas, e deu-se conta de que lembrava o item seguinte.

— A seguir vem o acompanhamento, também chamado de auditoria... Com os sistemas de controle e verificação queremos ter certeza de que tudo corre conforme planejado, ou seja, de acordo com a Política de Segurança da Informação. Deve haver vários esforços independentes de verificação. Alguns permanentes, alguns periódicos e outros realizados sem aviso prévio, de preferência por profissionais de fora, que desconhecem os hábitos internos e são mais precisos e isentos na localização de problemas.

— E o próximo passo é a revisão. Os resultados das verificações de segurança são criteriosamente avaliados, em termos de sucessos e insucessos. Essas informações realimentam a primeira fase, aquela da análise de risco, que por sua vez modificará a Política de Segurança...

— Começa tudo de novo?

— Não, não começa... o processo começa uma vez apenas e não tem mais fim... todo ele, até mesmo a política de segurança, é mutável... Da mesma forma que os organismos vivos, as organizações precisam evoluir para manterem-se competitivas e eficientes. Todo o processo de segurança da informação ficará em permanente evolução, buscando minimizar suas vulnerabilidades e maximizar seu poder de contra-ataque.

— Lucas, eu preciso ir ao lavatório. Onde fica, por favor?

Lucas indicou-lhe o lugar. No final do corredor acarpetado, encontrou um banheiro limpo, com acabamento de granito azul turquesa. Enquanto lavava as mãos, viu entrar um homem portando um rodo e um balde contendo apetrechos de limpeza. Deu bom dia ao faxineiro e, enquanto lavava as mãos, perguntou há quanto tempo trabalhava no prédio.

— Cinco anos. Desde que ficou pronto.

— É bastante tempo...

— Só não gosto do terceiro andar... É mal-assombrado.

Fazia tempo que Mário não se deparava com tal assertiva. Sentiu curiosidade e olhou em silêncio para o faxineiro, erguendo as sobrancelhas em sinal de "conte-me mais".

— Aconteceu comigo. Duas coisas muito estranhas. Já era noite e as luzes do andar estavam apagadas. Não havia mais ninguém no piso. Ninguém. Eu tinha acabado de limpar tudo e estava sozinho no escuro, voltando para o elevador, tateando a parede, quando passei pela porta do banheiro das mulheres e ouvi, lá dentro, o barulho de toalhas de papel sendo puxadas do toalheiro. Uma... duas... três vezes... Essa foi a primeira coisa estranha... Eu tinha certeza absoluta que o andar estava vazio...

— E a segunda? ¾ perguntou Mário, interessado.

— É que, quando eu vi, estava no térreo, lá na portaria... Até hoje, não sei como cheguei lá. Isso foi ainda mais estranho...

—

Ao retornar, Mário parou em frente à porta de uma sala vazia, onde o sol da manhã iluminava um prédio próximo. A intensidade da luz sobre o vidro dourado do outro prédio era tanta que tornava impossível observar seu interior. Ao mesmo tempo, a sala vazia onde Mário estava, à sombra, era totalmente devassável. Mário chegou à sala de Lucas falando...

— Existe um sistema curioso, para coleta de informações, que poderia estar funcionando aqui... Imagine que seu concorrente tem uma sala alugada no prédio aqui atrás. Imagine que ele tem um aparelho que emite um raio laser apontado para uma das janelas das salas do outro lado do corredor. Imagine que esse laser se reflita na janela e retorne para o aparelho. Se o vidro estiver imóvel, o aparelho nada registra. Mas, se o vidro vibrar em função dos sons produzidos no interior da sala, então o laser vibrará nas mesmas freqüências, e reproduzirá, no outro prédio, tudo o que se falar no recinto.

— Esse aparelho existe?

— Não só esse, mas muitos outros dedicados à coleta de informações. Eu vi um funcionando em 1995. Imagino o que não devem fazer hoje.

— E... a sala em que você esteve... ali no corredor...

— Era de um tal Luciano Mainardi vírgula PhD. Havia uma placa na porta com esse nome.

— Sim... pois é, ele foi assassinado no fim-de-semana, era o responsável pelo nosso principal projeto...

Seguiram-se alguns segundos de silêncio, interrompido por sons que vinham da recepção. Havia chegado mais alguém ao escritório.

Lucas terminou sua frase:

— ...E seu laptop está desaparecido.

O Projeto Midas

Mário sentou-se vagarosamente na cadeira mais próxima. Demonstrava apreensão. Afinal, sabia que algumas informações valem vidas humanas, e não continuaria este trabalho sem conhecer melhor os fatos.

O telefone na mesa de Lucas tocou. Era Luíza.

Lucas e Mário marcaram novo encontro para o turno da tarde, às duas horas. Lucas precisava passar em casa para resolver um problema com um de seus cachorros.

Parte 3

Capítulo 14

Brincadeira de crianças

O Projeto Midas

O horário do almoço daquela terça-feira estava quente, e o trânsito na pista do Lago Sul estava congestionado já no Dom Orione. Era o único caminho existente para casa e assim seria pelos próximos meses, até o final da construção da nova ponte entre o Lago e o Clube de Golfe.

Lucas evitava almoçar em casa devido à distância e ao tempo, mas Rafael havia telefonado avisando que Gelo estava com uma forte dermatite. Pastores alemães costumam ter esse problema, já lhe dissera o veterinário. A hora do almoço permitir-lhe-ia um exame melhor, sob a claridade do dia.

Gelo realmente precisava de tratamento. Lucas aplicou um antibiótico com a ajuda de Rafael e aproveitou para perguntar-lhe o que sabia sobre segurança de dados.

— Olha, pai, eu não leio muito sobre o assunto, mas sei o seguinte: a primeira grande questão está nos sistemas operacionais. Eles são cheios de problemas, de erros de programação. Esses erros costumam causar vulnerabilidades nos programas e as mais difíceis de descobrir são as relacionadas com a segurança. Sabe como é... Eu consigo acessar sua máquina e seus dados sem você saber e sem conseguir me deter. Os grandes fabricantes de sistemas operacionais emitem listas semanais sobre os problemas encontrados e costumam propor formas de correção. E ainda avisam: não nos responsabilizamos por danos etc. Aí, mandam baixar um programinha, chamado patch, que vai consertar o defeito no seu sistema operacional. Já imaginou? Você precisa ficar todo o tempo olhando na Internet para ver se alguém descobriu alguma falha de segurança no sistema operacional que você usa. E tem que corrigir rápido, pois o mundo inteiro fica também conhecendo os detalhes daquela falha e pode invadir seu sistema. Esse é um dos motivos por que as empresas que guardam informações em computadores precisam ter alguém atento e responsável pela área de segurança de informações.

— Sim, mas aí conserta e fica tudo bem...

— Não é bem assim. Conforme um sistema operacional vai sendo corrigido, ao longo do tempo vai ficando cada vez mais seguro... Então, os fabricantes lançam outro, novinho em folha... uma nova versão cheia de novos defeitos e vulnerabilidades na segurança. Eu acho até que alguns são propositais. Servem para possibilitar acessos futuros, para fins de investigação... espionagem... sabe como é...

— E os vírus?

— Os vírus são pequenos programas... feitos para atrapalhar a vida dos outros. Cada qual causa um tipo diferente de dano. Já existem aos milhares, e parecem ser o maior problema de segurança da era da informação. Causam muito transtorno aonde chegam, paralisando empresas e órgãos de governo pelo mundo afora. É legal bolar um vírus e programá-lo. Existem dezenas de bons programas de produção de vírus. A gente diz o que devem fazer, que tipo de dano desejamos que causem no computador da vítima, quando devem agir... e esses programas nos entregam os vírus prontinhos para serem usados. Os mais simples não conseguem mais contaminar muitos computadores, porque os programas antivírus estão aí e são muito bons em perceber que um vírus está entrando no computador.

Mas, os vírus bem construídos são indetectáveis, entram mesmo... e destroem dados, reenviam-se pela rede e multiplicam-se em velocidades enormes. Param tudo, mesmo.

— Sei. Agora, Rafael, segura o Gelo... eu vou pôr remédio no ouvido dele.

— Mas, hoje em dia, está muito fácil encontrar a origem de um vírus, pois eles deixam um rastro fácil de seguir na Internet. Cada informação transmitida na Internet deixa registro nas máquinas por onde passa. Algo do tipo: por esta máquina passou, às tantas horas do dia tal, um arquivo enviado pelo Marcos para o Raimundo, contendo tais e tais informações. Fica fácil achar a origem. A Internet não tem mistérios. A polícia adora fazer este trabalho de investigação, pois é fácil de fazer e aparece no noticiário.

O adolescente parecia cheio de idéias e argumentos. Lucas deixou-o falar.

— Quer ver um negócio eficiente? Por exemplo, eu posso parar um site da Internet na hora em que eu quiser, sem entrar na máquina. É que as máquinas que estão conectadas à Internet usam um protocolo[1] chamado TCP/IP. Esse protocolo foi feito nos anos 60s, e não previa a possibilidade de uma Internet... e muito menos de hackers, vírus ou coisas assim... Pois bem, o tal protocolo tem por característica sempre responder a um pedido de conexão. É como se nós batêssemos à porta de um hotel e o atendente tivesse ordens para sempre abrir e fechar a porta para cada pessoa que quisesse entrar. Imagine o que aconteceria se cinco milhões de pessoas chegassem à porta do hotel? O atendente abriria e fecharia a porta cinco milhões de vezes, e isso levaria tempo. Pois fazemos o mesmo na Internet. A gente invade cinco milhões de computadores e deixa-os programados para que, às tantas horas do dia tal, tentem se comunicar com um certo computador da Internet. Pronto. É só ficar esperando. São os cinco milhões de computadores que causam o problema, e não você. Isto se chama negação de serviço[2], porque o computador da vítima fica fora de ação por horas, tentando responder a todos aqueles pedidos de acesso, não conseguindo realizar qualquer outra tarefa. Do ponto de vista do um usuário, o computador fica inoperante. Esses ataques acontecem freqüentemente com bancos, sites do governo e

---

[1] *Protocolo, em informática, são controles de troca de informações entre duas máquinas. Algo do tipo:*

Máquina 1 pergunta — Eu vou te enviar uns dados, você pode receber?

Máquina 2 responde — Sim eu estou pronto, pode enviar.

Máquina 1 envia — Aí vão os dados. Estou mandando também um número, que é a soma de todos os bits enviados. O número é 54. Aguardo sua confirmação.

Máquina 2 confirma — Ok, recebi os dados e a soma deles confere. Estou à disposição para mais dados. Fim...

Vale lembrar que essas trocas não funcionam em português, mas em código digital, tudo acontecendo em frações de segundo.

[2] *Negação de serviço vem do inglês Denial of Service, ou DoS. Os mais eficazes ataques desse tipo são os Distributed Denial of Service (DDoS), onde o hacker implanta pequenos códigos em milhões de computadores que ficam programados para invadir um certo site numa certa hora, todos ao mesmo tempo, causando congestionamento neste.*

grandes empresas de informática. Se um dia você não conseguir conexão com seu banco, pode ser que ele esteja sofrendo negação de serviço.

— Que é isso, meu Deus... A gente não tem defesa...

— E aí, pai, a gente tem que ter muito cuidado com o software de terceiros. No momento em que se compra um software, paga-se caro por uma coisa desconhecida, que faz tudo aquilo previsto no manual, mas... será que faz mais alguma coisa?... Por exemplo, alguma operação extra, que não consta do manual?

Lucas lembrou-se de um telefone celular que possuíra em 1995. Naquela época, saíra na primeira página do Correio Braziliense a notícia de que o tal aparelho conseguia, com a correta programação, escutar todos os trezentos canais da célula onde se encontrava. Isso é ótimo — pensara ele na época, pois comprara um celular e ganhara, de brinde, um interceptador de chamadas. Por outro lado, pensava agora, se o mesmo ocorresse em um programa de computador, significaria que seus dados corriam perigo. E se isso acontecesse com um dos equipamentos de proteção que a Patmo adquirira, como os firewall, então ela estaria em risco. Na verdade, equipamentos adquiridos de terceiros, sobre os quais não se possui absoluto controle, representam uma ameaça, sejam eles computadores e seus programas, rádios, telefones, satélites, aparelhos celulares, fax, tudo. No mundo da informação, a dependência tecnológica representa dependência absoluta.

Lucas tiraria agora uma grande dúvida. O que, afinal, vinha a ser um firewall?

— E um firewall? Como funciona?

— Firewall é normalmente um programa de computador, que funciona como um vigia de portão. Ele roda normalmente em um computador e fica controlando todo o fluxo de dados entre duas redes, normalmente uma interna (a que chamamos corporativa) e outra externa, como a Internet. A idéia básica é que só passam pelo firewall aqueles dados que estiverem autorizados a passar. E quem configura o comportamento do firewall, controlando o que pode passar, é o usuário do computador, ou o gerente da rede de computadores. Esse ajuste é vital, e exige algum conhecimento sobre como as coisas acontecem em redes de computadores, principalmente a Internet. Se o ajuste for mal feito, o firewall não vai fazer o seu serviço, e a proteção desejada não existirá de fato. Eu li que as redes com firewall não têm conseguido proteger suas redes corporativas de ataques externos conduzidos por profissionais. Isto se deve não à qualidade do produto, mas principalmente ao baixo conhecimento dos usuários que os configuram. Ih! E tem um monte de sites na Internet que ensinam como invadir firewalls.

Gelo não estava bem. Lucas decidiu levá-lo a um hospital veterinário e, de lá, seguir para o centro da cidade, que, naquele horário, duas da tarde, deveria estar com o trânsito congestionado.

Capítulo 15

Consultores

O Projeto Midas

Lucas chegou ao seu escritório com atraso de quinze minutos. Mário já o aguardava.

O diálogo que se seguiu foi menos professoral que o da manhã. Falaram da realidade dos fatos e das preocupações de ambos acerca dos projetos em andamento e seus possíveis desdobramentos. Mário ofereceu-se novamente para assinar um termo de compromisso de sigilo envolvendo as informações a que teria acesso sobre a Patmo e suas atividades, a partir daquele instante. Parecia haver-se decidido a ir em frente no desafio de prover segurança de dados à firma. Lucas não indagou sobre o motivo de o consultor ainda estar ali, dialogando sobre o assunto, apesar dos riscos aparentemente envolvidos. Imaginava que, a qualquer momento, Mário poderia deixar as conversações, principalmente porque não havia ainda a certeza de sua contratação.

Para despertar o interesse de Mário, Lucas perguntou-lhe de que forma se teria dado o vazamento de informações do projeto Sucuri.

— Há muitas formas possíveis. As mais prováveis teriam sido a engenharia social, o grampo de telefone, algum funcionário insatisfeito que teria vendido as informações ou, quem sabe, uma invasão pela Internet... ou, ainda, na rede de computadores. Não dá para afirmar, assim, de primeira, mas podemos investigar, podemos levantar a vida dos funcionários, se algum deles melhorou de padrão de vida, anda de carro de luxo ou adquiriu hábitos mais caros. Isso significaria que alguém de dentro teria vendido as informações. Podemos também buscar os registros no computador, se ainda existirem, sobre as operações daquela época. Esse trabalho não costuma ser difícil. Há gente que faz mistério ao dizer ter conseguido identificar a origem de um e-mail na Internet, mas o fato é que tal tarefa é relativamente simples. Os computadores que compõem uma rede guardam todas as informações necessárias a uma investigação. É um trabalho quase puramente mecânico. Podemos ainda conversar com os funcionários e tentar descobrir se eles se recordam de algum diálogo estranho, feito pessoalmente ou por telefone, algum namorado, um caso passageiro, uma empregada doméstica que teria sido contratada... Mas esse já é um procedimento mais complexo, pois envolve pessoas. Há muitas possibilidades, mas provavelmente encontraríamos indicadores de como as coisas aconteceram. Creio, entretanto, que o melhor caminho, para o nosso caso, é providenciar as medidas necessárias à proteção dos dados do projeto atual. Podemos lançar algumas medidas emergenciais que surtirão, desde já, um resultado positivo e, depois, com calma, desenvolver o programa de segurança de informação de que falamos hoje cedo.

Após dialogarem sobre possibilidades e medidas, Lucas firmou sua opinião: o sistema de informações da Patmo era realmente vulnerável. Indagou Mário sobre seu interesse no caso e quais seriam as condições para sua contratação como consultor. Ante a resposta, pediu-lhe licença e dirigiu-se à sala de Luciano, onde fez uma ligação telefônica para Franco Rossi, diretor-presidente da Patmo, no escritório central em São Paulo. Nove minutos depois, Lucas tinha os meios para contratar Mário, desde que houvesse a edição de relatórios semanais sobre a evolução dos fatos.

Consultores

Lucas chamou sua secretária e pediu-lhe que preparasse os documentos para a assinatura do contrato. Houve alguns segundos de silêncio entre Lucas e Mário, onde cada segundo que se seguia era mais longo que o anterior. Lucas resolveu falar o que lhe veio à mente.

— Tenho uma boa sobre consultores, que li na Internet. Posso contar?

— Claro! — Era uma boa forma de passar o tempo.

— O sujeito ia passando num carro bacana pelo campo e viu um pastor cuidando de um rebanho de ovelhas. Parou o carro junto à cerca e disse ao pastor:

"— Se eu adivinhar quantas ovelhas você tem aí, você me dá uma?"

— O pastor achou que as chances do sujeito eram muito pequenas e aceitou o desafio. O sujeito olhou, olhou, apertou os olhos, puxou uma calculadora, bateu nela com os dedos e depois de meio minuto disse:

"— 183!"

"— Mais... é! Acertou certinho, o danado. O senhor é bão, mesmo. Pode escolher sua ovelha."

— O outro pulou a cerca, escolheu uma ovelha, pegou-a nos braços e ia chegando, de volta ao carro, quando o pastor disse:

"— Se eu adivinhar a sua profissão, o senhor me devolve a ovelha mais o seu relógio?"

— Preocupado, o sujeito olhou para o seu relógio, caríssimo, mas achou que as chances do pastor eram pequenas e aceitou a aposta.

"— O senhor é... consultor!"

— O forasteiro ficou surpreso:

"— Mas... como soube? Pelo carro? Pelas roupas? Deve ter sido pelo relógio..."

"— Não, não... É que o senhor apareceu sem eu chamar, veio me dizer uma coisa que eu já sabia e ainda por cima não entende nada do negócio, pois no lugar de uma ovelha está levando é o meu cachorro."

— Eu já conhecia essa, Lucas. Muito boa... Ouça esta... Quatro secretárias de uma grande empresa de auditoria estão batendo papo, na segunda de manhã, na sala do café. Uma delas pergunta às outras se tiveram um bom fim-de-semana.

"— Eu saí com um sócio do escritório. — diz a primeira. — O cara é muito bom, muito seguro, sabia exatamente o que fazia. O problema é que ele achava que seis minutos valem uma hora."

— A segunda diz:

"— Eu saí com um gerente. Magnífico, conhecia tudo, cheio de energia, mas o problema é que ele não parava de me perguntar se havia atingido o objetivo."

— Então, a terceira diz:

"— Ah! Eu saí com um sênior. Espetacular. Foi a melhor da minha vida. O problema é que ele estava superestressado e logo depois voltou para trabalhar... no sábado, pode?"

— E a quarta secretária, um pouco decepcionada, olha as outras e diz:

"— Pois eu saí com um consultor."

— E aí? — perguntam as outras — Foi legal?

"— Nada. Eu precisei mostrar três vezes o que era para fazer, e acabei tendo que fazer eu mesma".

O documento chegou. Ao final das assinaturas, Mário pediu a autorização de Lucas para dialogar com a secretária na tentativa de identificar uma possível ação de engenharia social sobre ela, tanto agora quanto nos tempos do Projeto Sucuri.

— Não, vamos deixar para outro dia, talvez amanhã. Mas eu gostaria que você, quando tiver tempo, observasse o currículo deste analista de negócios que estamos pensando em contratar. Se for possível obter algumas informações extras sobre ele, tanto melhor. Os currículos não contam tudo, penso que seria útil conversar com o antigo empregador dele. Para dizer a verdade, gostaria de saber se todas as informações que estão no currículo são verdadeiras, se ele realmente se formou onde diz, se realmente tem toda essa experiência e assim por diante...

— Sem problema. — disse Mário. — Tenho um ajudante que é especialista nesse tipo de trabalho.

—

Após o jantar, Augusto sentou-se novamente em frente ao laptop. A curiosidade vencera, e resolveu arriscar. Ligou o aparelho à tomada de telefone, acionou o programa PATMODB.EXE e permitiu o acesso remoto. O computador discou um número e, em segundos, a tela encheu-se de opções de acesso a diferentes atividades, produtos, projetos, nomes de funcionários, nomes de clientes e planilhas financeiras. No canto esquerdo superior da tela lia-se PATMO QUÍMICA. Ao percorrer a tela com o cursor, surgiu um retângulo amarelo com um cursor piscando. O programa exigia uma senha. Pensou que talvez o arquivo, junto com as senhas, estivesse dentro do próprio computador. Desligou o programa e buscou algo que se parecesse com um arquivo de senhas. Após vinte minutos percorrendo arquivos com textos sobre pesquisas biológicas e conjuntos intermináveis de programas-fonte[1], encontrou um pequeno diretório com três arquivos pequenos. Um deles trazia um texto sobre segurança da informação, havia outro com um programa de criptografia, com o nome CRIPTORC.EXE, e o terceiro era um arquivo de apresentação de uma palestra. Augusto abriu o arquivo. Era uma palestra sobre um equipamento que possibilitava identificar coisas pelo odor. De acordo com a palestra, direcionada ao Ministério da Defesa, as aplicações eram inicialmente simples e curiosas, mas foram se tornando cada vez mais de interesse do governo, passando por controle de fronteiras e, por fim, militares.

Era o que temia. O laptop pertencia a uma empresa com conexões no governo, e estaria sendo procurado naquele exato momento. Desligou a máquina e afastou-se dela. Se ali houvesse algo sensível, a polícia iria atrás. E o que estava ali era sensível. Sabia que a polícia, caso concentrasse esforços, acabaria localizando o bandido que roubou o laptop e toda a cadeia de receptação até ele próprio. Ele era agora um alvo. Tinha que pensar, e rápido.

Talvez devesse adiantar-se e entregar o computador à polícia... mas, aí, perderia o dinheiro. Não. Estava exagerando. Nada daquilo iria acontecer. E se ele apagasse o conteúdo da máquina? Ninguém poderia afirmar que ele teve acesso às informações. Pois elas poderiam já estar indisponíveis quando ele o recebeu. Seria a sua palavra contra a do ladrão. Mas, aos olhos da polícia ele seria um receptador, não muito diferente de um ladrão. Bem... ele poderia sempre negar isto: "Alguém quis vender, eu comprei, e de nada sabia..."

Nesta nuvem de pensamentos confusos, cheios de simulações, riscos e soluções, algumas reais outras imaginárias, Augusto foi deitar-se. O primeiro de seus muitos sonos aconteceu somente à uma e meia da madrugada.

---

[3] *Programa-fonte é o programa original, na forma em que é escrito pelo programador. As máquinas não conseguem entender esse programa, que precisa ser traduzido por um programa-compilador — ou um programa-interpretador — e, assim, produzir um programa-executável. E é esta versão, o programa-executável, que os computadores entendem. Vendedores não gostam de comercializar seus programas-fonte, preferindo vender os executáveis. Os programas de código aberto, como o Linux, vêm junto com os programas-fonte. A vantagem, nesses últimos, do ponto de vista da segurança, é termos a possibilidade de conhecer o conteúdo do programa que estamos comprando, e assim, ter conhecimento sobre as atividades do nosso computador.*

Capítulo 16

Inteligência Competitiva

O motorista do táxi pisou lentamente no freio. O carro parou a dois metros da cancela branca que marcava o limite da Radjel. O vigilante deu a volta por trás do carro e aproximou-se pelo lado do motorista.

— Bom dia. Eu sou Larsen... Aira Larsen, e tenho uma reunião marcada com o Dr. Carlos, às oito horas.

Falar português ainda era um desafio para Aira. Apesar de ter vivido alguns anos de sua adolescência no Rio de Janeiro, onde seu pai trabalhara em uma empresa multinacional de eletricidade, Aira sabia que as pessoas percebiam imediatamente que ele era estrangeiro, isso apesar de os brasileiros serem reconhecidamente um povo com múltiplas características físicas. O brasileiro parece ser uma grande mistura das feições dos outros povos, com indivíduos puros e mesclados com traços de todos os continentes. O brasileiro não tem uma cara típica. Por esta razão o passaporte do Brasil vale tanto no mercado negro. Qualquer um, de qualquer lugar do mundo, pode passar facilmente por brasileiro.

A aparência física de Aira, forte e claro, antecipava o forte sotaque que ele não conseguia evitar.

— Identidade, por favor. — disse o guarda.

— Aqui está meu passaporte...

O vigilante assentiu, dirigiu-se à cabine e começou a anotar alguma coisa. Aira olhou à sua volta e observou que a Radjel agora tinha um circuito interno de TV. — Finalmente, — pensou — resolveram instalar câmeras e melhorar a segurança... essas coisas não resolvem tudo, mas ajudam muito.

O guarda pegou um telefone e falou algo. Dirigiu-se novamente a Aira, entregou-lhe um cartão de estacionamento e deu-lhe instruções sobre aonde ir, onde estacionar e a quem procurar. Aira olhava para onde o vigilante apontava, balançava a cabeça afirmativamente, mas não lhe dava atenção. Primeiro, porque conhecia o caminho; segundo, porque sempre tivera dificuldade em memorizar instruções verbais; melhor seria se o vigia lhe desse um mapa. Terceiro, estava preocupado com o objeto de sua visita. O vigilante devolveu-lhe o passaporte junto a um crachá de visitante.

Carlos esperava-o na porta principal. Parecia um pouco mais magro, mas mudara pouco desde a última vez que se haviam visto, dois anos antes.

Para alívio de Aira, Carlos recebeu-o falando em inglês. Desde que chegara a São Paulo, tivera que falar diversas vezes em português, o que o mantinha em estado de sobressalto, uma tensão permanente. Aira achava incrível o baixo nível de conhecimento da língua inglesa dos brasileiros, e contou a Carlos um diálogo que tivera na véspera:

— "Os motoristas de táxi daqui não falam inglês...", — foi o que eu disse a um outro estrangeiro no aeroporto e que também esperava um táxi. E o cara me respondeu:

"— Mas, lá em Chicago eles também não falam inglês... falam árabe, usam até turbantes... em Nova Iorque também..."

Carlos riu enquanto lembrava das dificuldades que tivera em um posto de gasolina em Miami, onde os atendentes não sabiam falar inglês, apenas espanhol.

Chegaram a uma sala de reuniões pequena, sem janelas, agradavelmente silenciosa e fresca. Havia um computador e um projetor de imagens sobre uma mesa clara com oito cadeiras, uma garrafa de água e dois copos. Aira deixou a maleta numa cadeira e sentou-se. Carlos fechou a porta, que produziu um som mais grave que o usual, denunciando ser feita de um material especial. Então se sentou, retirando do bolso da camisa um pequeno bloco e uma lapiseira.

Só então Aira notou um pequeno móvel em um canto da sala, que deveria ser um modelo grande de triturador de papéis. Pensou que toda organização que se prezasse tinha um triturador de papéis para inutilizar documentos importantes. Depois de triturados, os documentos saem em tirinhas, com a largura de uma letra, ou picados, parecendo confete. Durante a crise dos reféns no Irã em 1980, os iranianos recuperaram os documentos que haviam sido triturados, às pressas, pelos norte-americanos no formato de tiras, tipo um espaguete. O trabalho foi feito usando montagem, como se os documentos fossem quebra-cabeças. Para ele, um especialista nesses assuntos, o papel triturado não representava grande desafio. Levava mais tempo, mas não impedia o acesso à informação.

Carlos começou a desenhar e a falar...

— Bem, Aira, a razão de o chamarmos aqui é que temos que obter informações sobre aquela mesma empresa de dois anos atrás, a Patmo Química. Eles estão chegando ao final do desenvolvimento de um novo projeto. Estão prestes a patenteá-lo, já dialogam com alguns clientes importantes, e precisamos mais detalhes para repetir aquilo que fizemos da última vez. Queremos informações sobre o projeto. Sei que é desnecessário alertar para o sigilo da operação, mas as normas da empresa exigem que eu me refira a isso. Portanto...

— Sim, claro. Eu considero o sigilo fundamental, e a Radjel tem meu compromisso de absoluta... confidentiality. — Aira não tinha certeza da palavra em português e falou-a em inglês, na certeza de que Carlos estava entendendo. — Ah, sim, aquelas informações obtidas... naquela oportunidade... foram úteis? Eu falo do projeto daquela ...

— O que posso dizer é que o trabalho de vocês foi muito bom. Entretanto, o tal produto da Patmo tinha deficiências que só ficaram evidentes mais tarde. Mas a culpa não foi de vocês. O fato é que, graças ao sistema de inteligência competitiva que vocês projetaram para nós, pudemos acompanhar os passos da concorrente até este momento. Temos muitas informações, mas faltam-nos alguns pontos-chave. Por isso, gostaríamos da assistência direta de vocês, mais uma vez. Parece que eles evoluíram em termos de sistemas de proteção, de confidencialidade, mas nossas fontes nos permitem afirmar que não chegaram a desenvolver um programa de segurança da informação, o que simplifica nossa vida, apesar de não resolver tudo.

— Essa última inovação da Patmo... de que se trata?

O Projeto Midas

É um produto conservante que atua no processo de detecção de odores, uma continuação daquele projeto de dois anos atrás... eles usam eletrônica e computadores. Sabemos também que usam componentes biológicos. O que ainda não conhecemos exatamente é a técnica que usam aumentar a longevidade do tecido biológico... Estamos bastante interessados. Já sabemos muito sobre o processo, mas falta-nos identificar algumas etapas importantes. Não temos conseguido reproduzir os resultados com sucesso, mas sabemos que eles têm tido êxito. Falta-nos algo... e imaginamos que eles sabem que estão sendo espionados, por causa do outro projeto... o Sucuri.

— Espionados, não, Carlos...— disse Aira com o indicador erguido. — Essa palavra não é mais usada no mundo empresarial. Lembre-se: isso se chama Inteligência Competitiva[1].

— Certo, desculpe... Carlos deu um sorriso e continuou. — Eles estão prestes a registrar essa patente e eu fiquei encarregado de descobrir o segredo. Queremos repetir o que fizemos há dois anos, e fazer o registro dessa patente em nosso nome. É do nosso total interesse, e achamos melhor chamar vocês porque não queremos perder essa oportunidade.

Aira projetou-se para frente e lançou as sobrancelhas ruivas para cima. Três sulcos horizontais surgiram em sua testa clara e sem manchas. Falou com gramática perfeita, como se tivesse decorado antes. Conhecendo a capacidade de preparação de alguns povos do hemisfério norte, Carlos tinha quase certeza disso.

— Faremos todo o possível, Carlos. Fico satisfeito de saber que podemos contar com a confiança da Radjel. Devo alertá-lo, como sempre fazemos, que o trabalho de coleta e análise de informações empresariais é difícil e pode não oferecer os resultados esperados, nos prazos definidos. Eu entendo que há pouco tempo disponível e, por isso, nosso trabalho será mais intenso. Entretanto, a cultura brasileira de segurança de informações ainda é muito baixa, e isso facilitará nosso trabalho. Apesar de ela estar mudando, ainda está a nosso favor. Particularmente, eu não vejo porque não possamos ter o mesmo êxito que tivemos há dois anos.

— Fico aliviado em ouvir isso, Aira. E fico maravilhado em perceber a tranqüilidade de vocês ao lidarem com esses assuntos. Eu não sei como conseguem, mas é fato que conseguem. Não sei até onde você pode me revelar essas coisas, mas eu gostaria de saber sobre alguns desses métodos. Só para me dar o que pensar...

Aira sorriu, pegou um copo e serviu-se de água.

— O que vou dizer não é segredo. Há cursos universitários e livros em profusão sobre o assunto... e muitas formas de se obter informação sobre um concorrente e suas atividades

---

[1] Inteligência Competitiva é a atividade voltada para a coleta, análise e relato de informações relevantes para a manutenção ou crescimento da competitividade da organização. As grandes empresas dispõem de equipes compostas por analistas de inteligência competitiva, e há até cursos de mestrado e doutorado sobre o assunto. Para as empresas, grande parte das informações — uns 85% — é obtida em jornais, revistas, exposições e congressos. A parte restante é usualmente obtida usando métodos não ortodoxos e, às vezes, ilegais, como a escuta telefônica.

e intenções. Algumas delas são intuitivas. Procura-se na Internet, em feiras, exposições, assistem-se palestras da concorrência e analisam-se prospectos comerciais. Algumas empresas fingem ser clientes da concorrência, só para saber o quê — e com que qualidade — está sendo ou vai ser oferecido no mercado. O programa de inteligência competitiva que nossa organização montou para vocês é exatamente isso. Vale até pegar o lixo da concorrência para analisar. Vale ligar para lá e perguntar... perguntar... de formas diferentes e a muitas pessoas, até que respondam, ou até que as várias respostas, aparentemente desconexas, comecem a fazer sentido e nos permitam concluir o que está acontecendo. Vale fazer amizade com um funcionário importante e muitas vezes mal pago, para que ele nos diga, em confidência, o que está fazendo, do que não está gostando e o que os colegas dele fazem... Nada disso é ilegal, apesar de não parecer ético. Mas é uma guerra, uma guerra por informações. Quem as tem melhores, decide melhor e tem maior possibilidade de ganhar a competição pelos mercados... Algumas organizações usam métodos bastante agressivos para esses fins. Pode até ser uma faxineira cuidando da casa do diretor da empresa concorrente... Pode-se também responder a um anúncio de jornal e encaminhar, para a seleção, um profissional que vai atuar como informante dentro da empresa e ainda ser pago por ela própria...

— Vocês fazem isso?

— Ah! Deus! É claro que não... — Aira respondera com segurança. — Carlos não saberia dizer se ele dissera a verdade. — Temos métodos muito mais eficazes... Aira ficou em silêncio por alguns instantes e continuou:

— Eu preciso ler os relatório da inteligência competitiva para decidir o que fazer neste caso, mas é quase certo que encontraremos o que buscamos em computadores. Brasileiros gostam de jogar informações em computadores e não se dão ao trabalho de protegê-las. Deve ser fácil. Se não funcionar, podemos contatar funcionários da empresa e tirar-lhes as informações. Brasileiros gostam de falar, isso faz com que se sintam e pareçam bem-informados.

Carlos dá um telefonema e, em poucos segundos, entra um rapaz trazendo um envelope lacrado. Enquanto abre o envelope e relê rapidamente o contrato de trabalho, Carlos arrisca mais uma pergunta.

— Só uma curiosidade. Eu li que algumas empresas contratam hackers para proteger sistemas de computadores. Isso funciona?

— Sim, funciona muito bem para os hackers, porque ganham dinheiro para conhecer melhor seu sistema. Hackers podem deixar entradas especiais nos sistemas, que só eles conhecem. Podem também dar dicas a terceiros mal-intencionados. Se eles podem tudo, mesmo quando não autorizados e estando a milhares de quilômetros do seu computador, imagine o que eles podem fazer tendo autorização de acesso. O ato de contratar um hacker pode ter muitos nomes... ingenuidade, desespero, insegurança, ignorância, conveniência, conchavo... segurança é o único nome que não se pode dar a isso.

A maleta de Aira emitiu um sinal, como se tivesse um videogame dentro. Ele a abriu e pegou um pequeno celular, ligado à pasta por um cabo. O aparelho ficou em silêncio enquanto Aira digitava um código no teclado. Uma luz amarela se acendeu. Uma outra, vermelha, apagou-se.

— Trinta e oito! — respondeu, num inglês muito claro e pausado. — Sim, eu li. Fale com eles e convença-os a não publicar o resto. Se a acusação souber disso, as coisas podem se complicar...

Carlos fingiu estar distraído com seus desenhos, simulou um bocejo, mas ficou tentando imaginar como seria a vida de Aira, usando telefones especiais, números de código e evitando complicações em tribunais. Só então dera-se conta de que nunca soubera se Aira era um consultor independente ou se trabalhava para uma empresa. Tudo o que ele possuía era um número de telefone, e sabia que a remuneração por seus serviços seria depositada em um banco estrangeiro.

— Eu não acredito... só na quinta-feira? Eu odeio essa burocracia. Esses caras parecem ter prazer em complicar as coisas para nós. Às vezes me pergunto de que lado eles estão.

Carlos acompanhou a conversa com atenção disfarçada. Procurava, inclusive, ouvir o que falavam do outro lado da linha. Aira falava com meias palavras, certamente para não permitir-lhe o quadro completo dos fatos. E falava cada vez menos. Quem quer que estivesse do outro lado da linha parecia ter mais poder. Carlos pôde observar que o inglês de Aira, quando falado de forma alterada, demonstrava influência de alguma outra língua que não conseguia identificar. Talvez fosse traço de um sotaque europeu... Alemão, talvez. Não tinha sequer informações sobre a vida pessoal de Aira. Poderia ser um cidadão de qualquer lugar do mundo, trabalhando para uma empresa ou governo qualquer, recebendo seu pagamento em qualquer moeda forte, em qualquer banco de qualquer paraíso fiscal do planeta. Pensou que isso deveria ser muito bom e, ao mesmo tempo, ruim.

Pensou também que, possivelmente, Aira estaria a serviço de uma grande corporação. Sua dedução decorria da reclamação sobre o excesso de burocracia, uma característica das grandes corporações, que preferem impor regras formais ao invés de promover a educação de seus funcionários e colaboradores.

Quando desligou o aparelho, Aira estava visivelmente aborrecido, e seu inglês reassumira a forma original, sem o sotaque exótico, sabe-se lá de que lugar do mundo.

— Há uma outra coisa, Aira... — disse Carlos. — Fomos informados de que o engenheiro responsável pelo desenvolvimento do novo projeto morreu num assalto, no sábado... e seu laptop desapareceu.

Capítulo 17

Secretárias

> *Há momentos em que a justiça não poderá ser obtida sem dinheiro.*
>
> Hobbes – *O Leviatã.*

Já com dez minutos de atraso, Mário empurra a porta de vidro e esfrega demoradamente os sapatos sobre o tapete de borracha onde se liam palavras cor de vinho sobre um fundo cinza claro: "Bem-vindo à Patmo. As melhores soluções químicas." Belo trocadilho — pensou, enquanto admirava-se de não haver notado o tapete quando ali passara, na véspera.

Dirigiu-se à mesa vazia e ficou em pé, estático, movendo os olhos sobre uma agenda aberta. Havia uma conta de luz sobre a mesa, no valor de sessenta e três reais, em nome de Amanda Ramos. Pelo valor, provavelmente duas ou três pessoas viviam no apartamento. Após meio minuto, dirigiu-se à porta entreaberta que dava para o interior do escritório, olhou para dentro, e abriu-a, lentamente.

A porta já se abrira na largura de um palmo, quando algo fez com que Mário virasse a cabeça para trás e encontrasse os olhos castanho-claros de Amanda centrados nos seus. Ainda tomado de susto, Mário tentou mostrar-se ingênuo e, com isso, justificar sua intromissão. Amanda, estática na porta que vinha do outro corredor interno, segurava uma folha de papel com as duas mãos. Seus olhos não se moviam, e não definiam se ela o reprimiria ou se dispararia em busca de socorro.

— Oi, bom dia. É... meu nome é Mário. Eu estive aqui ontem... vim falar com o Dr. Lucas, ele deve estar me aguardando. Na verdade, eu estou atrasado... Mas, você não estava aqui ontem, não é?

— Não... a Gisleine estava aqui me substituindo, ontem.

Ela desviou os olhos para uma poltrona próxima a ele e disse-lhe que aguardasse. Os olhos dela passaram a fitar a própria mesa, mas era evidente que o mantinha sob observação. Ela só avançou para a mesa da recepção depois que Mário estava sentado, com a pasta executiva sobre o colo.

Amanda teria perto de trinta anos e a ausência de aliança indicava que era solteira. Usava apenas bijuterias. A presença de uma apostila sobre a mesa indicava que estaria estudando em um cursinho, provavelmente noturno, para prestar concurso para a Polícia Civil. Ela não tinha carro, pois o chaveiro pendurado na bolsa no espaldar da cadeira continha apenas chaves comuns, das que abrem portas e cadeados. Amanda não parecia ter muito dinheiro de sobra para si mesma. Apesar de muito bonita, seus cabelos e unhas mereciam melhores cuidados e suas roupas não eram de grife. Talvez ela ajudasse nas despesas de casa, talvez ainda vivesse com os pais... ou talvez seu salário na Patmo fosse muito baixo. De qualquer forma, buscava uma carreira, uma segurança maior no serviço público.

Os sapatos da moça não tinham qualquer traço da poeira vermelha, abundante em Brasília, uma cidade ainda em construção. Mário deduziu que ela não devia andar para pegar ônibus, talvez tivesse uma carona ou até mesmo um namorado que a trouxesse para o trabalho.

Mário precisaria ser cuidadoso em seu relacionamento profissional com ela. Secretárias desempenham um papel importante no processo da segurança da informação, pois muitas vezes sabem mais sobre os fatos que seus chefes. Isso as torna alvo de ataques, principalmente pela via emocional. O interessado em uma informação pode até casar-se com seu alvo, para obter o que realmente deseja.

O inverso também ocorre. Homens em altos cargos costumam deter informações importantes. Juntá-los a drinques e a mulheres bonitas pode resultar em uma química explosiva. Para obter a admiração delas, eles muitas vezes discorrem sobre seus conhecimentos. É uma forma relativamente fácil de obter informações no mundo empresarial. Lembrou-se de Mata Hari, a célebre espiã da Grande Guerra. Resolveu puxar conversa.

— Eu não costumo me atrasar, mas hoje está um dia incrível...

Ela ergueu os olhos, sem mover as sobrancelhas e sem fitá-lo, aparentemente surpresa com a investida inoportuna daquele bisbilhoteiro de escritórios.

— Tenho que parar com esta correria, ou acabo fazendo alguma bobagem. Na semana passada, eu saí tão apressado de uma reunião com um cliente que... — ele observou que ela desviara os olhos em sua direção — ...acabei guardando, dentro na minha pasta, junto com meus papéis, um pires com biscoitos que estava sobre a mesa. E o pior é que eu só me dei conta disso no cliente seguinte, quando abri minha pasta sobre a mesa e vi o pires no meio de biscoitos espalhados, com farelo por tudo... Precisava ver a cara do meu cliente... E eu ficava tirando o farelo e pensando na cara do primeiro cliente, o que tinha como consultor um ladrão de biscoitos...

Amanda sorriu, seus olhos se fechando com a pressão das bochechas. Os lábios não se abriram.

Mário pensava no que mais dizer, quando Lucas surgiu na porta da frente e entrou rápido, enquanto convidava Mário para entrar em seu escritório, desculpando-se pelo atraso. Disse oi a Amanda, perguntou-lhe se tudo estava bem em casa, pediu-lhe chá, e fechou a porta atrás de Mário, apressado.

— Mário, tenho uma pergunta objetiva. O laptop do meu colega, como você sabe, sumiu... e ainda está sumido. Como ele estava preparando uma série de palestras técnicas, acredito que havia muitos dados importantes ali dentro, talvez até mesmo alguns cruciais para a Patmo. Luciano estava encarregado de preencher o pedido de patente do Projeto Midas. Não sei dizer se o texto estava no laptop. Se estava, teremos que torcer para que o equipamento tenha sido furtado por criminosos comuns, para quem o importante é a máquina, e não seu conteúdo. O que faremos?

— Algumas informações contidas em laptops valem milhares de vezes o valor do equipamento, Lucas, mas temo que os ladrões, nestes dias, estejam cada vez mais conscientes disso. Não conte com a sorte quando se tratar de proteger informações importantes. O furto do aparelho foi notificado à polícia?

— Sim... e...?

— Neste caso, creio que devemos buscar mais informações junto a eles. Os policiais costumam ser muito eficientes quando querem. Eu conheço alguém que pode nos ajudar. Talvez tenhamos que pagar alguma coisa por isso.

Lucas olhou para a ponta de sua lapiseira, deu-lhe dois cliques e começou a escrever. Mário estaria provavelmente falando de propinas. Isso o incomodava muito, mas o assunto fazia parte da realidade da empresa, naquele instante. Se o dinheiro fosse necessário, ele teria que falar com seu chefe, em São Paulo, mas não gostaria de fazê-lo pelo telefone. Havia muitas escutas telefônicas sendo feitas na cidade e no país. Não precisava ser um espião para ver isso, bastava assistir o noticiário da TV. Resolveu esgotar seus recursos antes de qualquer iniciativa de Mário nesse sentido... e concentrou-se em localizar o telefone do delegado Amílcar em sua agenda.

Capítulo 18

**Interesses
têm limites**

O Projeto Midas

Augusto acordou cansado. Ainda tenso com a presença do laptop em sua casa, ligou a máquina, deu-lhe alguns comandos e congelou-se por alguns instantes, com o dedo indicador apoiado sobre a tecla Enter. Finalmente decidiu-se e apertou-a. A máquina começou a formatar o disco rígido, apagando todos os dados nele armazenados. Para Augusto, havia apenas uma possibilidade de não se ver envolvido no desdobramento do furto daquele computador: apagar todos os dados e afirmar que nunca tivera acesso a eles, sequer sabendo do que se tratava. Esta solução dava-lhe ainda a condição de poder usar imediatamente o laptop. Afinal, para isso o comprara.

A tela escura mostrava um contador regressivo, muito lento, onde a máquina mostrava a área já formatada: 8%... 9%... 10%... Augusto lera em algum lugar que era muito grande o número de furtos de laptops em aeroportos, automóveis e até mesmo dentro de empresas e repartições públicas. O interesse havia-se deslocado das máquinas em si, que podiam ser comercializadas por um bom dinheiro — era o seu caso — para o conteúdo dos discos rígidos internos. 20%... 21%... 22%... Tais conteúdos trazem, muitas vezes, um conjunto enorme de informações e dados sobre mercados e empresas, além de textos e relatórios. 35%... 36%... 37%... Laptops de uma empresa podiam ter grande valor para uma concorrente, principalmente porque ficam de posse de executivos que querem, naturalmente, ter a seu dispor a maior quantidade possível de dados sobre suas organizações, vulnerabilizando-as, assim, involuntariamente. 47%... 48%...

Isso acontecera até mesmo com a Central Intelligence Agency, a CIA dos Estados Unidos. Um de seus diretores perdeu um desses equipamentos contendo enormes quantidades de dados altamente sigilosos. Tais perdas não são normalmente noticiadas pelas organizações e empresas, pois correm o risco de perda de credibilidade por parte de usuários e de investidores. 83%...

Augusto não tinha certeza sobre o que fazia. Talvez o melhor fosse mesmo chamar a polícia e entregar o equipamento junto com o número do telefone celular do rapaz que lhe vendera a máquina... e que, por sinal, não atendia mais. Talvez fosse um telefone pré-pago comprado apenas para realizar aquela transação. Terminou a formatação do disco, que apagara todos os dados, e instalou o sistema operacional. Sentia-se melhor.

Foi quando um carro negro chegou à frente da casa. Augusto viu quando um dos dois homens desceu e tocou o interfone. Eram oito da manhã. Os cachorros correram para o portão, como sempre.

—

Enquanto procurava o telefone do delegado em sua agenda, já sem ter certeza de havê-lo anotado, Lucas lembrou-se de uma história em que alguém encontrara uma agenda, perdida por um português. O livreto estava totalmente vazio, exceto na letra T, onde estavam escritos: Telefone do Manoel, Telefone do Joaquim, Telefone da Maria...

Lucas desistiu de encontrar o número em sua agenda e ligou para Amanda. Por falta do que fazer, Mário marcou o tempo e, em 16 segundos, o telefone tocava. Era a Delegacia de Polícia do Lago Sul.

— O delegado Amílcar, por favor? É sobre o assassinato de Luciano Mainardi... Sim, o celular serve... nove, nove...oito... certo. Muito grato.

Mário limitava-se a assistir, surpreso com a iniciativa de Lucas.

— Delegado? É Lucas Abrantes... nós nos conhecemos no domingo, na casa do meu colega Luciano... ele foi assassinado, lembra?... Sim...

Lucas ouviu o delegado em silêncio por meio minuto. Agradeceu e desligou.

Voltou-se para Mário e disse-lhe que a polícia já encontrara e detivera dois suspeitos.

— E o laptop?

— Ele disse que dois colegas dele estão indo buscar o aparelho, que foi vendido pelos marginais. Que tal se formos à delegacia, para acompanhar os fatos?

Mário seguiu Lucas até a recepção, e aguardou que ele deixasse algumas instruções com Amanda. Quando Lucas se moveu, Mário passou por ela, tocou a mesa com o indicador da mão direita e disse-lhe:

— Deixei a louça sobre a mesa. É sério. Quer olhar na minha pasta?

Ele não esperava tanta receptividade, mas o sorriso revelara uma pessoa encantadora. Mário sentiu-se feliz, com uma pontada de culpa: não estava sentindo-se nada profissional. Mesmo assim, passou a preocupar-lhe que ela dividisse, se não a vida, pelo menos o apartamento com outra pessoa. Definitivamente, o valor da conta de luz que vira sobre a mesa de Amanda não era o de uma pessoa que vivesse sozinha.

—

O carro da polícia desceu a rua lentamente e estacionou em frente à casa amarela com grade azul. Dois cachorros aproximaram-se da cerca, latindo. O ladrar de cães sempre irritara Valmir. Talvez fosse algum trauma de infância. A quantidade de cães em Brasília era enorme, e adoravam latir. Ele mesmo tinha um em casa. Pequeno, é verdade, mas muito esperto, e aprendera logo que, latir, só em último caso. Valmir e o pequeno cão tinham uma convivência pacífica.

Ali, nos conjuntos residenciais do Lago Sul, os latidos reverberavam fortemente. O som batia nas casas do outro lado da rua e retornava, bastante sonoro, quase que doendo nos ouvidos.

O morador saiu pela porta da frente e tocou os cães para os fundos, abaixo de gritos.

— Canil! Canil! Canil!

Valmir pensou que preferia os latidos. Felizmente os cachorros obedeceram. Saiu do carro e olhou a rua de cima a baixo.

— Bom dia, o senhor mora aqui?

— Moro. — O homem evitava olhar Amílcar nos olhos, um sinal de que se sentia inseguro.

— Eu sou o policial Valmir, aqui da 10ª DP, e gostaria de falar com o senhor. Temos informação de que um laptop roubado teria sido vendido ao senhor. Estamos apenas investigando. Por favor responda: o senhor adquiriu um laptop, ontem pela manhã, de um sujeito moreno claro, da minha altura, 22 anos?

— Sim, eu comprei um, mas...

— Precisamos reavê-lo o quanto antes. Nós daremos uma declaração de recebimento, mas precisamos levá-lo agora, ele é peça importante em uma investigação. Pode ser?

— Sim, mas... — Augusto sentiu que seus problemas não iriam terminar ali. — É que eu... já o entreguei para a polícia, tem uns 20 minutos...

— Para quem?

Os olhos de Augusto arregalaram-se. O policial avaliava que ele não mentia.

— Eu confesso que não sei. Mas eu tenho um recibo aqui comigo... da polícia. Vou buscar lá dentro. Vocês querem uma água?

Valmir acenou negativamente e olhou em silêncio para o motorista, como se pretendesse transmitir-lhe o pensamento de que havia um problema. A informação sobre a venda do laptop tinha-lhe chegado apenas dez minutos antes, diretamente do depoimento do acusado da venda do equipamento. A única possibilidade que podia imaginar seria uma revelação do suspeito a outra pessoa, antes de ser apanhado em flagrante de seqüestro relâmpago próximo a um caixa eletrônico, no Lago Sul.

Alguém teria se passado por policial e vindo até a residência do comprador para tentar reaver o equipamento. Esse golpe ele conhecia, era comum no Rio e em São Paulo, mas não em Brasília. Pelo menos até então.

O motorista entendeu que havia um problema e ligou o carro para fazer a volta no final do conjunto.

Valmir olhou para o recibo enquanto ele chegava, nas mãos de Augusto. Sequer precisou tocá-lo para saber que era falso, que não seguia o modelo adotado na Polícia Civil, ou mesmo da Polícia Militar.

— Você pode descrever a pessoa para quem entregou o aparelho, ou o carro que ela usava?

— Acho que não... mas era um carro preto.

— Você chegou a ver o que havia no disco rígido do aparelho?

— Não. O disco estava vazio... — Augusto sufocava. Tinha dificuldades em mentir — ...quer dizer... eu apaguei tudo o que havia nele.

— Você viria conosco? Queremos pedir-lhe que faça um retrato falado.

— Eu não me lembro bem da cara dele.

— Vai lembrar. Temos um desenhista que vai-lhe fazer as perguntas certas e você vai-se lembrar sem querer.

— Eu vou ter problemas com a justiça?

— Não, acho que não. Vamos?

—

O delegado Amílcar lembrava-se bem de Lucas, mas por algum motivo dava mais atenção a Mário. Os três conversaram alguns minutos sobre amenidades, como se estivessem ajustando o nível de entendimento em que se daria a conversa sobre as investigações do assassinato de Luciano.

No quadro de avisos da sala do delegado havia cinco fotos de um mergulhador equipado com roupa de neoprene e um cilindro nas costas. Em todas, Amílcar estava em pé, junto à margem de rios, sustentando, pelas guelras, peixes que iam de seu queixo até os joelhos. Após algumas perguntas sobre o esporte, Lucas deu-se por satisfeito, ao descobrir uma nova forma de fritar peixes que dispensava preocupações com as espinhas. A fórmula teria vindo do nordeste, mais precisamente da Paraíba, e consistia em riscar verticais com a faca, a partir da cauda do peixe, numa profundidade suficiente para seccionar as espinhas. As riscas deveriam ficar tão próximas entre si quanto possível, à distância de um ou dois milímetros. Após a fritura, as espinhas sequer seriam sentidas durante a mastigação.

O assunto, como era quase previsível, chegou à legislação de proteção aos peixes da região.

— Muita legislação — disse o delegado — e pouca fiscalização. Tenho mil exemplos para dar... mas todos se resumem na falta de fiscalização. Noventa por cento dos absurdos, crimes e malandragens que vemos nos jornais se devem à nossa inabilidade nacional em lidar com o processo de fiscalização. Podem conferir em qualquer jornal. A inexistência e a ineficácia da fiscalização constituem um atributo da nossa cultura administrativa. A coisa é absurda... Fiscais? São poucos, mal treinados e mal pagos. A coisa toda parece ser feita para não funcionar... Pensa-se que basta editar leis e tudo estará resolvido. Vão ver se nos países do primeiro mundo há essa situação. Hobbes[1] estava certo. Em qualquer lugar do mundo as pessoas fazem barbaridades se não forem fiscalizadas, se não houver policiamento, se não houver penas rígidas para os crimes...

"Hobbes?" Lucas apenas ouvia, com atenção, impressionado com o tom de indignação do delegado. Seria uma das últimas pessoas de quem ele pensaria um dia ouvir tais coisas em tal tom de voz.

— Esses tempos, — continuava Amílcar — um guarda florestal deu um flagrante de crime ambiental num sujeito. Crime que é inafiançável, imprescritível, tudo aquilo. O que o

---

[1] *Thomas Hobbes (1588-1679) foi um filósofo inglês que dizia que o homem, em sua essência, é egoísta e mau. Hobbes teve seu nome emprestado àquele tigre das revistas em quadrinhos, companheiro do garotinho Calvin.*

bandido fez? Matou o guarda, porque aí ele responderia por assassinato sem flagrante, com direito a fiança e outros benefícios...

Subitamente, o delegado recostou-se na cadeira, baixou os olhos em direção à mesa maltratada e tocou uma folha de papel.

— Nós temos os nomes dos suspeitos. São dois. Eles cometeram vários furtos e um seqüestro na região, mas foram detidos pela Polícia Militar, que já havia sido informada da nossa busca. Eles confessaram ontem à noite, e disseram que queriam apenas roubar... pensaram que a vítima os tinha surpreendido e que parecia estar armada quando atiraram pela primeira vez. Por medo de serem reconhecidos no caso de sobrevivência da vítima, atiraram uma segunda vez, para matar, e fugiram... — O delegado desviou o olhar para um mapa do Distrito Federal que estava na parede junto à porta — ...mas, não sem antes roubar o laptop que estava sobre a mesa do escritório. Aqui estão os nomes... Valdeir Pereira do Santos e Hesdras Martins Lima. Acho que esses nomes não serão muito úteis aos senhores, pois são criminosos comuns e...

Lucas interrompeu, fazendo um curto gesto com a mão.

— Delegado, e o laptop? Onde está?

— Era o item seguinte... acabei de ser informado pelo rádio que o laptop sumiu de forma estranha, eu nunca tinha visto isso... dois elementos passaram-se por policiais, estiveram na casa do comprador e levaram o aparelho. Os bandidos afirmam não terem falado com mais ninguém sobre a venda do laptop, além do sujeito que o comprou. Ele havia sido o primeiro a procurá-los. Mas, bandido é bandido. Pode ser, e assim parece, que eles estão mentindo.

— E... o que se faz numa situação dessas, delegado?

— Vou esperar a chegada dos agentes. Eles devem trazer, junto, o comprador, para averiguação. Aí veremos o que fazer. Se eles estiverem mentindo, saberemos logo.

Mário aquietou-se. Começava a pensar no que poderia estar de fato acontecendo, as hipóteses começando a circular em sua mente. Pelo que mostravam os fatos, os dados da Patmo eram de grande valor, mas... como o adversário poderia saber? E de onde viera esse interesse pelo laptop? Como souberam que ele havia sumido? E como teriam descoberto seu destino, para que pudessem resgatá-lo antes mesmo da polícia? E a morte desse Luciano... haveria conexão direta entre todos esses fatos? Tudo muito estranho. Lembrou-se de olhar para Lucas.

Lucas observava-o em silêncio, como se dele esperasse uma resposta para as mesmas perguntas. Mas, para sua própria surpresa, reagiu.

— Eles ainda não sabem...

— O quê? — indagou Mário.

— Se eles ainda estão atrás de informações, é porque ainda não as têm... ainda não as conseguiram. De alguma forma, Luciano fez um trabalho incrível e evitou, todo esse tempo, que esses caras obtivessem as informações do projeto. E, também... significa que o laptop de Luciano talvez tenha boas proteções, como uma criptografia eficaz. Ele era bastante esperto. Talvez o laptop sequer contenha os dados que eles procuram... e isso significa que ainda há chances de os segredos do Midas estarem bem preservados.

— Espero que você esteja certo. Mas... talvez não seja cauteloso contarmos apenas com o fator sorte. O pessimista é um otimista experiente.

—

Gelo estava melhor. Ao menos parecia mais disposto. Lucas acabara de examiná-lo e sentira, no próprio estômago, que o almoço atrasaria. Deu uma passada na cozinha, observando a movimentação, e calculou uma demora de mais uns vinte minutos. Serviu-se de um martini com duas pedras de gelo, pensou alguns segundos sobre o laptop de Luciano e pegou o livro que pedira emprestado a Mário.

Após folhear e observar algumas figuras, deteve-se em um capítulo que apresentava vulnerabilidades associadas à contratação de serviços de terceiros. Empresas e órgãos de governo em todo o mundo costumavam contratar empresas de informática para cuidar de suas informações digitais. Essa "terceirização", na prática, deixava as informações fora das empresas contratantes. E empresas que não têm meios de controlar os acessos a seus dados estariam, por definição, arriscando seus futuros.

O processo de "terceirização" vinha sendo muito utilizado: serviços de informática, de manutenção, de segurança, aluguel de equipamentos e, até mesmo, hospedagem nos chamados hotéis de dados, que armazenam e processam dados em locais situados longe das instalações da empresa. Ao contratar um hotel para seus dados, uma empresa se livra de uma série de preocupações e custos relativos aos seus próprios dados, mas abre uma nova vulnerabilidade em seu patrimônio digital.

Havia um tópico sobre empresas que oferecem serviços remotos de segurança de dados. De suas instalações e com sua própria equipe, controlam todos os acessos externos e todas as operações internas na rede de computadores da empresa-cliente, com a finalidade de detectar invasões ou operações irregulares. Uma organização dessas termina, de acordo com o livro, conhecendo mais sobre as operações do cliente do que ele próprio.

O livro deixava claro que uma das maiores empresas mundiais no setor de filmes fotográficos havia sido vítima dessa terceirização. Isso acontecera vários anos antes, e a empresa ainda não se recuperara do choque. Abrir mão da guarda das informações havia sido, no caso, um erro estratégico.

O assunto era, em si, um universo. Algumas empresas tinham o hábito de contratar hackers para descobrir se seus sistemas de segurança de dados eram eficazes. De uma forma geral, o livro condenava a prática da terceirização.

O almoço estava, finalmente, na mesa.

Capítulo 19

Patentes

O Projeto Midas

Era pouco menos de quatro da tarde. Mário dedicava o final da quarta-feira, o dia de que menos gostava na semana, para obter informações acerca do sistema nacional de patentes. Entrou em um dos elevadores da face norte do Brasília Shopping, onde iria encontrar-se com Rogério, ex-colega de sala na pós-graduação da Fundação Getúlio Vargas, consultor em patentes e sócio de uma firma de advocacia especializado em representar os interesses de inventores ou de suas contrapartes.

Buscava compreender melhor o significado do furto da patente da Patmo e desejava descobrir se havia alguma maneira de isso ser recuperado em benefício da Patmo. Aparentemente, essa busca não fazia parte de seu trabalho, mas era um conhecimento que se tornava, a seu ver, indispensável a um profissional na área de segurança da informação, o qual, em última instância, buscava a proteção do negócio de seu cliente. Em vista das circunstâncias e da experiência acumulada com o Projeto Sucuri, a Patmo pretendia entrar com o pedido de patente do Midas na segunda-feira.

Lucas recebera, naquela manhã, a gerência de desenvolvimento do projeto, substituindo Luciano. A documentação estava em arquivos de papel, disquetes e CD-ROMs, dentro de uma pasta azul escuro que ficava guardada em uma gaveta, com chave, na mesa de trabalho do colega. Lucas impressionou-se com a qualidade e o detalhamento das informações. Os documentos mencionavam a existência de uma cópia daquela pasta, que estava em um dos laboratórios de Campinas. As informações sigilosas achavam-se exclusivamente em arquivos digitais, criptografados. A documentação era completa. Havia, inclusive, os formulários já preenchidos para o pedido de depósito da patente no órgão federal competente, o INPI, o Instituto Nacional de Propriedade Industrial.

Rogério estava confortavelmente instalado no sétimo andar do Brasília Shopping. A secretária, apesar de muito jovem, era absolutamente desinteressante.

— Obrigado pelo seu tempo, Rogério. Eu preciso aprender um pouco sobre patentes e achei que podia contar com a sua ajuda.

— Claro. Fez bem. Qual é exatamente o assunto de seu interesse?

— Eu creio que... apenas uma conversa sobre o assunto. Sei que não vou sair daqui um especialista em patentes, mas gostaria de conhecer melhor o ambiente em que este processo se desenvolve. Eu tenho um cliente que quer patentear uma descoberta e a segurança da informação tem um braço neste assunto, não tenho dúvida.

— Certo. O registro de patentes tem por objetivo estimular o processo inventivo, pela criação de mercado cativo por longos períodos de tempo. A patente permite que a sociedade tenha acesso a um determinado invento, tornando-o compartilhável, enquanto preserva o direito do inventor. Assim, o pressuposto básico do sistema de patentes é a sua função eminentemente social. É por essa razão que ele fica sob a tutela do Estado. Elas fazem parte do sistema de propriedade intelectual, criado para garantir a propriedade ou exclusividade resultante da atividade intelectual nos campos industrial, científico, literário e artístico. As patentes são criações da mente humana que atendem aos requisitos de novidade, atividade inventiva e aplicação industrial. Elas têm duas derivações: o desenho industrial, também conhecido como design; e o modelo de utilidade, também conhecido como aperfeiçoamento de produto...

— Você falou em função social? Eu pensava que havia muito dinheiro envolvido nisso...

— Eu estava chegando lá. As invenções têm valor econômico. A patente significa uma vantagem concorrencial, dada pelo Estado por determinado tempo, que hoje é de vinte anos, para remunerar os investimentos em pesquisa e desenvolvimento. A partir do final do prazo, ela se torna de domínio publico. A sociedade beneficia-se desse processo desde o início, porque é possível criar produtos melhores a partir das descrições técnicas de um patente.

— Mas, outros terão acesso ao meu invento... O que eu ganho com isto?

— Se outros quiserem usar a sua idéia para fins industriais, então terão que lhe pagar royalties. O que você ganha é o direito de exercer cobrança pela licença de uso da sua idéia. A patente é um título de propriedade temporário outorgado pelo estado ao inventor ou pessoa legitimada. Para o registro de uma patente, há sempre que haver o requisito da novidade. Se os dados forem divulgados antes, o invento deixa de ser novidade e deixa de ser patenteável. O sistema de patentes existe desde 1623. A atual lei brasileira é de 1996, mas a primeira foi de 1809, assinada por D. João VI.

— Não sabia disso.

— É, esses assuntos não fazem parte da nossa cultura. Em outros países, todo cidadão sabe dessas coisas, o que os ajuda a promover o desenvolvimento pela busca de idéias e exercício de seus direitos de invenção. Nós, aqui, pagamos esses direitos a eles, a cada compra que fazemos. Por conta dessas coisas, tenho um exemplo...o Brasil perdeu competitividade internacional na área de calçados, sendo ultrapassado pela Itália, que simplesmente criou uma cola mais barata e durável. Quer saber mais, sobre a nossa cultura? Santos Dumont nunca patenteou seus inventos, como o dirigível, a porta-corrediça e o relógio de pulso. Em contrapartida, seu contemporâneo Thomas Edison montou um escritório de inventos que funcionava 24 horas por dia e de onde saíram 1.093 patentes criteriosamente registradas. No início deste século, a IBM vem registrando 1.800 patentes por ano. Essas patentes geram, para a empresa, um bilhão de dólares anuais de receita proveniente de licenças de uso. Incrível, não?

— Parece um excelente negócio.

— E é. Por ser do interesse do Estado ao gerar empregos, impostos e mobilizar a economia, há diversos programas e iniciativas governamentais nesse sentido. Mas interesses políticos divergentes e a nossa cultura empresarial — a mola propulsora das economias — não nos ajudam muito. Observe que 67% das empresas nacionais não têm qualquer política de orientação para pedidos de patente.

— E se houvesse interesse empresarial, a dimensão política do problema seria forçada a mudar...

— Certamente. Eu tenho outros indicadores impressionantes... quase metade da produção total de patentes dos países em desenvolvimento — 7.000 por ano — é brasileira, atingindo 3.000 por ano. Isto apesar de, no Brasil, de cada 5.000 pedidos, apenas 70 serem aprovados. Por outro lado, no setor de medicamentos, 97,5% das patentes são estrangeiras. Quase metade dos gastos mundiais em pesquisa e desenvolvimento estão nos Estados Unidos, onde 9% do PIB resultam do conjunto de atividades produtivas do complexo da propriedade industrial. Os países desenvolvidos costumam dar grande importância à proteção de patentes e marcas. Os Estados Unidos, por exemplo, permitem um tipo de patente temporária, chamada "provisional", que pode ser feita quase sem burocracia, pela Internet, e paga com cartão de crédito. Medidas dessa natureza simplificam e aceleram o processo de registro enquanto despertam o interesse do inventor, que deixa de ter que enfrentar uma papelada complexa, lenta e cheia de atravessadores...

— Você não é um deles, é?

Rogério riu enquanto mudava de posição na cadeira.

— Na maior parte das vezes, sou exatamente isso. Se o caminho da burocracia entre o inventor e a sua patente ficar mais curto, eu certamente terei menos trabalho. Mas temos uma parte nobre em nossa atividade, que é defender os interesses dos inventores no que diz respeito aos seus direitos de licença... coisas como pirataria de inventos e assim por diante. É uma área de trabalho fascinante. Eu gosto. Olhe agora esta tabela.

Rogério girou sobre a mesa uma espécie de revista técnica, empurrou-a na direção de Mário e colocou a ponta de sua lapiseira sobre uma tabela.

países	ano 1980	ano 200	posição atual
Coréia do Sul	32	3600	7º
Brasil	36	104	28º

— Estas são as patentes registradas pelo Brasil e pela Coréia do Sul nos bancos de patentes dos Estados Unidos. É óbvio que os coreanos não sofreram uma mutação genética nacional nos últimos vinte anos e ficaram trinta vezes mais inteligentes que os brasileiros. O que aconteceu é que eles adaptaram seu sistema de patentes à realidade dos fatos. Houve, também, é claro, uma ênfase na educação científica. O fato é que eles desenvolveram uma iniciativa nacional consistente, determinada e responsável. E isso faz todo sentido. Eu acredito que o sistema de patentes é fundamental para a competitividade. Se continuarmos como estamos, continuaremos a perder posições...

Rogério começou a folhear um fichário contendo centenas de gráficos e tabelas.

— Há quem diga que nossa lei de patentes é moderna... pode ser... mas... e a nossa cultura burocrática? Não devemos nos iludir. A concessão de uma patente, no Brasil, demora perto de oito anos. É claro que o que importa é a data do depósito. Após este, o processo fica um ano e meio em sigilo, e só depois é publicado. A partir daí, começa a análise do pedido, que pode levar anos. Mesmo assim, veja esta tabela com os pedidos de patentes no Brasil. Em 1995, foram 13.829. As contas relativas a 2001 ainda não fecharam, mas são estimados 23.611 pedidos. Pedidos nem sempre resultam em patentes, mas houve um aumento total de 30%, nas patentes, desde 1997, fato certamente resultante da nova Lei de Propriedade Industrial. As indústrias químicas, de mecânica e de software lideram os pedidos de patente.

— A patente depositada no Brasil não garante a validade no mundo todo. Em outros países, as taxas de depósito são bem mais caras e somam o equivalente a mais de mil dólares. As despesas com advogados podem chegar a uma pequena fortuna. O registro em vários países costuma ser caro, enfrenta contestações e precisa de acompanhamento, normalmente feito por escritórios de advocacia, como este em que trabalho.

— E não existe a possibilidade de a patente ser furtada nesse vai-e-vem em escritórios?

— Claro. Por isso, deve-se procurar um profissional responsável. A patente não deve ser vista pela empresa ou pelo inventor como um patrimônio, mas como uma estratégia. E respondendo sua pergunta, o que protegerá a inovação, cá para nós, não será a patente em si, mas o sigilo industrial a ser dedicado à proteção do invento.

— A segurança da informação?

— Exato. Aí, a bola é sua. Eu tenho mais um conjunto enorme de indicadores sobre o assunto... aqui diz que o acervo brasileiro tem 26 milhões de documentos, enquanto o europeu tem 90 milhões... nada mau... Este recorte de jornal diz que há a possibilidade de estabelecimento de um sistema mundial de patentes nos próximos 20 anos, capitaneado pelos Estados Unidos, União Européia e Japão. Já viu, né? Perderemos alguma autonomia, pode ter certeza.

— O sistema de patentes parece ser importante para o desenvolvimento econômico...

— Pode ter certeza. Eu acredito que uma forma de contribuir para o desenvolvimento, no curto prazo, seria mobilizar o patrimônio intelectual já existente no País, através de maior apoio e assistência aos inventores. Isso resultaria em direitos de patentes no mundo inteiro, revertendo em divisas que impulsionariam as contas nacionais. Por sinal, é dessa forma que os países adiantados atuam, há décadas. No longo prazo, eu entendo que o caminho seria continuar a investir em educação. Eu cheguei a pensar em separar 20% dos prêmios das loterias para serem pagos não em dinheiro, mas em bolsas de estudos. Já imaginou? A cada semana, aproximadamente 80 bolsas de estudo de 20.000 reais seriam distribuídas aos apostadores, independentemente dos valores das apostas. Ao final de um ano, seriam mais de 4.000 novos "milionários"! Isto aumentaria o conhecimento nacional, estimularia a indústria da educação e, principalmente, traria renovada esperança aos que não têm condições de adquirir estudos de boa qualidade e, com estes, a desejada mobilidade social. Como regra para receber o prêmio, as pessoas não poderiam ter registros criminais desde o início da distribuição das bolsas. Será que a criminalidade não sofreria uma redução? Eu creio que sim, por conta do aspecto da esperança.

Mário despediu-se de Rogério no saguão e entrou no elevador, onde havia dois homens vestindo jaquetas. Apertou o botão da garagem enquanto descartava a possibilidade de serem motoqueiros: os sapatos eram de boa qualidade e estavam limpos. Deviam estar juntos, pois jaquetas não eram um vestuário comum para Brasília, naquela época do ano. Um deles carregava uma maleta grande, enquanto o outro carregava uma daquelas valises de nylon, a tiracolo, que certamente continha um laptop. Para sua surpresa, o elevador começou a subir ao invés de descer.

— Eu disse à Marília que nós teríamos de viajar ainda hoje. Você também vai?

O sotaque era paulista, o que explicava as jaquetas. O outro homem permaneceu imóvel e quieto, dando a entender que não queria conversa. O primeiro, o que carregava o laptop, parecia agitado e recomeçou a falar.

— O doutor Carlos vai gostar de saber que a gente conseguiu... Cara, eu tô com fome... neste shopping tem restaurante, não tem?

O outro não teve tempo de responder. O elevador produziu um som musical e parou. Os dois saíram e Mário apertou novamente o botão da garagem. A porta se fechou lentamente, junto com a sua lembrança sobre os dois sujeitos e suas valises.

Parte 4

Capítulo 20

Aposte no azar, para ganhar

O Projeto Midas

O pequeno jato particular de fabricação brasileira tocou a pista do Aeroporto de Congonhas em São Paulo às 22h32 da quarta-feira. Gilberto ficou estático por alguns segundos, olhando para o relógio de pulso, enquanto mentalmente calculava os tempos necessários ao desembarque, a caminhada até o ponto de táxi, e o percurso — que seria tranqüilo àquela hora da noite — até o escritório na avenida Paulista.

Assim que entrou no prédio do aeroporto, puxou o celular do bolso lateral da jaqueta de couro, apertou dois botões e colocou-o no ouvido. Gilberto carregava consigo uma valise de nylon, a tiracolo, e uma pasta negra, de lona. Passou direto pela área de bagagem, a passos rápidos. O telefone respondia: "O número que você discou está desligado ou fora da área...". Após passar pelo grupo de pessoas que aguardava parentes e conhecidos à saída do terminal de desembarque, pressentiu um movimento à sua direita. Ao virar-se, reconheceu Carlos, que lhe pegou o braço que segurava o telefone enquanto apontava para a calçada externa.

— Desligue isso, — disse — e entre no carro. Ande devagar.

A porta de trás do carro se abriu. Gilberto entrou, enquanto Carlos dava a volta pela frente do carro e assumia o volante. Do banco à frente de Gilberto surgiu uma mão entreaberta, seguida de um sotaque estrangeiro.

— Por favor...

Gilberto ainda procurava desvencilhar-se das amarras da valise, que se havia enroscado em seu braço, quando o carro começou a mover-se lentamente. Só quando o carro passava em frente à área de embarque é que Gilberto conseguiu entregar a pasta de nylon para a mão estendida. Foi quando notou um carro de polícia que não lhes deu qualquer atenção. O carro deslizou em direção à claridade amarelada das ruas de São Paulo. Por alguns segundos, o único som audível dentro do BMW era o do zíper da pequena maleta.

Após alguns segundos, uma tonalidade azul surgiu no banco da frente. O disco interno do laptop estava vazio, com 9,4 Mbytes livres. Só o sistema operacional estava instalado. Aira falou novamente.

— Ótimo, é o que precisávamos. O disco deve ter sido formatado. Mas temos como recuperar os dados.

Carlos olhou pelo retrovisor interno na direção de Gilberto.

— E aí, como foram as coisas? E o Tomás, e a Marília?

— Estão bem... — Gilberto era de poucas palavras, mas via-se obrigado a falar mais. Fez um esforço e foi em frente. — Eu e o Tomás nos fizemos passar por policiais e apreendemos o aparelho. O sujeito que o comprou estava apavorado... e parecia feliz em se ver livre dele. Sem problemas...

Carlos não obtivera de Aira uma explicação muito clara sobre como havia sido possível a localização do laptop, mas conseguia juntar os pedaços do quebra-cabeça e podia apostar que o aparelho continha um programa especial que o conectava à Radjel para receber instruções e enviar informações. O seu antigo proprietário, agora morto, nada sabia sobre isso. Um artifício qualquer havia sido utilizado para implantar esse software especial na máquina. A conexão clandestina era feita automaticamente toda vez que a máquina era conectada à Internet. O processo funcionara bem até que o engenheiro Luciano deixara de conectar-se à Internet usando o laptop, talvez por segurança. Bom para ele. Quando a Radjel foi informada que o laptop sumira, bastou aguardar que seu novo usuário se conectasse à Internet, o que era tudo o que a Radjel precisava para identificar o número originador da chamada e, assim, o endereço onde o equipamento estava. Com isso, foi possível chegar antes da Patmo. E antes, até mesmo, da polícia.

Aira colocara um CD-ROM no laptop e digitava como louco, sem parar para pensar. Parecia que fazia aquilo todos os dias. Era um profissional. A tela mudava de cor, janelas apareciam e sumiam. Carlos não se surpreenderia se, dali a instantes, ouvisse uma exclamação de sucesso. Mas surpreendeu-se.

— Os arquivos estão cifrados... Ele não costumava cifrá-los. Isso pode ser um problema...

Carlos estava curioso.

— Como é que vocês conseguem recuperar informações de um arquivo apagado? E de um disco formatado?

Aira fechou a tampa do laptop e tirou os óculos de leitura, que havia colocado antes de chegar ao aeroporto. Esfregou os olhos e começou a falar em um português ruim e lento, muito lento, como se pensasse em outro assunto enquanto falava... talvez estivesse preocupado com a cifração dos arquivos... Gilberto resolveu falar em seu lugar.

— No caso dos arquivos apagados, fica muito fácil. Quando um usuário ordena o apagamento de um arquivo gravado em disco, é o sistema operacional que se encarrega de fazer o serviço. Como um arquivo pode estar bastante fragmentado, e é isso que normalmente acontece, o tempo necessário ao apagamento pode ser grande, porque o programa terá de ir a todos os locais do disco onde o arquivo poderá estar e escrever zeros em cima de cada bit de dado ali gravado. Para economizar tempo, os sistemas operacionais apenas substituem a primeira letra do nome do arquivo por uma caracter especial. Assim, quando quisermos saber quais arquivos estão presentes em um disco, o diretório nos mostra apenas aqueles que não têm o tal caracter especial na primeira posição. Somos, assim, enganados pelo sistema operacional, pois o arquivo ainda está lá gravado, inteirinho. E há programas que nos ajudam a localizar e recuperar esses arquivos falsamente apagados.

— A formatação de um disco é um caso um pouco mais complicado, pois alguns dados necessários à recuperação da seqüência das áreas são realmente apagados. Mesmo assim, é possível recuperar muitos dos arquivos originais. Foi o que o Sr. Aira acabou de fazer.

— E como se faz para apagar com segurança?

— Para o apagamento verdadeiro existem programas que localizam todas as áreas onde o arquivo está distribuído e gravam dados aleatórios sobre estas áreas dezenas de vezes. Em alguns países, os governos têm, por norma, o uso regular desse apagamento verdadeiro.

O BMW chegou à entrada de uma garagem e apagou os faróis. Era uma casa amarela, estilo colonial, em uma rua calma e arborizada. O portão de metal, com largura para três carros, abriu-se lentamente. Com suas luzes apagadas, a garagem recebia apenas a claridade que vinha dos postes da rua. As luzes internas só se acenderam quando o portão havia-se fechado. Aira já estava em pé, junto à porta que dava para uma sala. Segurava a maleta enquanto olhava para o chão, pensativo, com o lábio inferior projetado para frente. Falou algo para si em uma língua desconhecida, como se estivesse buscando certificar-se de algo. Ergueu os olhos e virou-se para Carlos.

— Vamos mandar esses arquivos para decifração. Se o algoritmo for fraco, eles conseguem...

— Ótimo. Enquanto isso, bem que podíamos comer alguma coisa.

Ante o silêncio de Aira, Carlos o olhou, e pôde notar que sua face se transformara.

Capítulo 21

Analizando riscos

O Projeto Midas

> *A origem de cada crime está no defeito de uma compreensão, ou algum erro de raciocínio, ou alguma súbita força das paixões.*
>
> Hobbes – O Leviatã.

O relógio de pulso que comprara vinte anos antes ainda funcionava perfeitamente e indicava 7h43. Era um bom relógio, mas estava ficando obsoleto. Lucas esperava por Mário na entrada do Departamento de Tecnologia da Universidade de Brasília. Alguns estudantes isolados passaram por ele, sem qualquer sinal de pressa. Invejava-os silenciosamente, enquanto fazia uma reflexão sobre seus próprios tempos de faculdade, no Departamento de Química da Universidade Federal do Paraná. Aquilo fora há muitos anos, estava difícil lembrar-se de detalhes, mas uma recordação lhe era clara: a expectativa positiva que tinha da vida e da profissão. Isto devia acontecer com todos os jovens estudantes, que possuem um estranho e misterioso poder otimista sobre suas vidas, como se não dependessem do resto do mundo, como se fossem invencíveis. Como se fossem, não... Eram, definitivamente, invencíveis.

É verdade que muito se havia realizado para Lucas em termos de satisfação pessoal, mas tudo muito longe das visões ideais que tivera aos vinte anos. Em termos materiais, havia obtido mais do que jamais imaginara, mas faltava-lhe algo que não conseguia identificar. Talvez lhe faltasse reconhecer-se a si mesmo como um bom profissional.

Olhar os estudantes tranqüilos, que por ele passavam, dava-lhe a impressão de que caminhavam para um mundo cada vez mais complexo. De forma resumida, eles estavam ali em busca de conhecimentos, de informações. Parecia-lhe, contudo, com os fatos dos últimos dias, que tais conhecimentos poderiam, se impropriamente manipulados, voltarem-se contra eles.

Mário chegara com pequeno atraso. Brasília já vinha produzindo engarrafamentos consideráveis, como os de uma cidade grande, em virtude da relação de um carro para cada dois habitantes. Os atrasos ficavam freqüentes. Por vezes, já se deviam à demora em obter vaga em estacionamento.

— Oi, Lucas! Preparado para assistir aula? Como nos velhos tempos, hein? Vamos por aqui, pelo corredor norte...

Cultura estranha, essa de Brasília — pensou Lucas — a de falar em norte e sul a toda hora. O brasileiro não tinha o hábito de referenciar os pontos cardeais, diferentemente de outros povos que até mesmo construíam suas casas religiosamente voltadas para um deles.

— Claro, acho que vai ser interessante. Tenho que admitir que sei muito pouco sobre esta coisa de segurança da informação. Informação é importante, eu sei, e imagino que a sua segurança também o seja. Além do quê, esta coisa de computadores, sistemas de informação, bancos de dados, Internet, tudo é muito novo e pouco sabemos sobre tudo isso. O ideal seria que todos tivéssemos plena consciência do que estamos fazendo quando usamos computadores, que não precisássemos nos perguntar se uma dada operação é segura ou não... Penso que todos deveriam aprender mais sobre o assunto, pois ele diz respeito à nossa sobrevivência...

Aposte no azar, para ganhar

— Concordo. Disse Mário enquanto parava em frente a uma sala de aula com uma dúzia de alunos. Você pode escolher qualquer lugar. Sente-se e fique à vontade. Provavelmente, os alunos sequer notarão a sua presença.

Lucas sentou-se no fundo da sala. A aparência das instalações não era boa. Havia manchas nas paredes, falhas na mobília e lâmpadas queimadas. Mário conversou com alguns alunos, recolheu alguns papéis que deveriam ser trabalhos de casa e iniciou a aula.

Começou escrevendo no quadro uma equação sem sentido óbvio, dentro de uma moldura, mas que tinha a vantagem de estar em português claro:

$$\text{risco} = \text{vulnerabilidades} \times \text{ameaças} \times \text{valor}$$

Mário falava em um tom de voz um pouco mais grave que o normal.

— O risco, pessoal, depende do valor do objeto envolvido, do grau de ameaça incidente sobre o mesmo e das vulnerabilidades que apresenta. Vou citar, como exemplo, uma casa. Imaginem que vocês saem de casa e esquecem uma janela aberta. Criou-se uma vulnerabilidade. A casa está vulnerável porque há uma vulnerabilidade nela. Se a janela ficar na frente da casa, a sua vulnerabilidade é grande... se for uma janela dos fundos, será menor, e o risco resultante também. Outra característica interessante das vulnerabilidades é que elas são passivas: ficam lá, aguardando a chegada das ameaças.

— Por sua vez, uma ameaça seria, por exemplo, a aproximação de um ladrão que perceba a nossa janela aberta. Vejam que há uma situação se formando... Lá estão a janela aberta e o ladrão que resolve entrar por ela. É claro que tudo isso não constituiria um risco se não houvesse algo de valor dentro da casa, algo que o ladrão pudesse danificar ou levar. Por isso, dizemos que o risco é medido pelo produto das intensidades da vulnerabilidade, da ameaça e do valor. Por sinal, é assim que trabalham as empresas de seguro. Elas têm dados suficientes para avaliar cada um destes fatores individualmente e chegam aos valores dos prêmios com base em cálculos desse tipo.

— É comum vermos gente especializada fazendo segurança sem antes analisar os riscos. A análise é importante, mas custa tempo e, portanto, dinheiro. Em organizações maiores, uma análise criteriosa de risco pode levar meses para ficar pronta. Como exemplo de análise de risco, vejamos uma casa. Antes de colocar trancas e alarmes, precisamos identificar as vulnerabilidades existentes, ou seja, por onde um ladrão poderia entrar, e como. Também precisamos identificar se este ladrão terá interesse e capacidade suficientes para ameaçar a nossa casa. E só gastaremos dinheiro com a proteção de coisas que tenham um valor que justifique a despesa. Ou seja, não gastaremos mil para proteger algo que valha apenas duzentos.

— Pois fazemos o mesmo com as informações corporativas. Na verdade, um profissional experiente pode identificar pontos vitais que podem ser melhorados imediatamente. Nesse caso, ele consegue, com rapidez e baixo custo, obter um grau razoável de segurança... e a indispensável análise de risco pode então ser feita com mais critério e sem grandes pressões, em um ambiente consideravelmente mais seguro.

— Há ainda um outro assunto que eu gostaria de tratar antes de passarmos à nossa tão ansiosamente aguardada introdução à criptografia. Trata-se de uma pergunta: onde, em uma organização qualquer, vocês colocariam a responsabilidade pela segurança da informação?

Um aluno da frente respondeu algo que Lucas não conseguira ouvir.

— Muito bem, aluno... na informática... legal... claro, né, gente? Quem mais entende desse negócio de computadores e programas? A informática, certo? Certo... mas... vamos analisar isso. Qual é a principal missão do pessoal da informática? Manter os sistemas funcionando... ou dar-lhes segurança? Nossa resposta seria... a primeira. Tradicionalmente, as áreas de informática têm que manter os sistemas em condições operacionais... é fácil imaginar um diretor nervoso ligando para o gerente de informática dizendo:

"— Escute, eu preciso acessar uns dados e produzir uma proposta de negócios ainda hoje, senão perdemos o prazo e o negócio. Dê um jeito e faça esse sistema funcionar de novo antes das quatro, ok?..."

Mas é difícil imaginar o mesmo diretor ligando e dizendo:

"— Escute, eu preciso de segurança total nessas informações. Não importa o que aconteça, nem quanto tempo leve, mas não deixe as informações trafegarem ou serem armazenadas sem a necessária segurança, ok? Mesmo que percamos negócios em razão disso..."

— Operacionalidade e segurança são conflitantes entre si. Então, será que não vai ocorrer um conflito de atribuições nas funções da informática? Qual será a prioridade atendida pela informática no momento de uma crise? Buscando evitar responder a essas perguntas, algumas empresas e organizações respeitáveis colocam a responsabilidade pela segurança de informações na seção de auditoria, por motivo de independência interna e de proximidade com a direção. Outras, colocam a segurança da informação na área jurídica, uma vez que os fatos relacionados à segurança da informação têm reflexos jurídicos imediatos. Essa questão é interessante, não? Certas coisas têm que ser apreciadas em um ambiente maior, porque recebem influências e provocam efeitos fora de si mesmas. Li esses dias um artigo sobre nossa legislação ambiental. Ele contava que uma certa lei proíbe matar o pica-pau, uma espécie em extinção. Só que a legislação nada fala sobre a árvore onde o pica-pau faz o ninho. Como a árvore continua podendo ser cortada, o resultado final é a continuidade do processo de extinção da ave. Devemos nos acostumar a observar os problemas de segurança em seu conjunto. É só olhando para ele que teremos as condições apropriadas para identificar os pontos mais fracos.

Capítulo 22

Criptografia

O Projeto Midas

> *Este capítulo, assim como os três próximos, trata de alguns processos básicos empregados em criptografia. Para alguns leitores, o assunto poderá parecer bastante árido, enquanto que, para outros, será fascinante. De qualquer forma, o salto para o Capítulo 26 em nada prejudicará o entendimento da história.*

— Criptografia, prezados alunos, é uma técnica que vem sendo desenvolvida há mais de dois mil anos, com o objetivo de misturar ou substituir as letras de uma mensagem[1] para preservar sua confidencialidade. A idéia central da criptografia sempre foi impedir que pessoas não autorizadas tivessem acesso às mensagens, ao mesmo tempo em que garantia o acesso aos conhecedores da regra de reconstrução da mensagem. Isto até funcionava bem, na grande maioria das vezes. É claro que sempre houve aqueles interessados em descobrir como quebrar essas regras, e isso deu origem a uma outra técnica, a criptoanálise. É incrível o que um bom criptoanalista consegue fazer, quando se coloca uma mensagem criptografada em suas mãos. Em pouco tempo ele consegue eliminar uma série de possibilidades e passa a se concentrar nos detalhes que conduzirão à quebra da mensagem. A criptoanálise foi muito utilizada nas duas guerras mundiais, e pode-se dizer que o lado que detinha os melhores criptoanalistas foi o lado que venceu.

— Antigamente, os meios eram realmente limitados. Não havia computadores ou calculadoras. Em 405 ac, Lisandro, de Esparta, usava bastões de madeira para trocar mensagens com seus generais. Cada general detinha um bastão com um determinado diâmetro, enquanto o rei mantinha cópias de cada um dos bastões, uma para cada general. Quando queria enviar uma mensagem, pegava a cópia do bastão do general destinatário, enrolava nele o cinturão do mensageiro, e ali anotava a mensagem ao longo do bastão. Ao final, desenrolava o cinturão e preenchia os espaços vazios com mais caracteres. A escrita ficava sem sentido, e só poderia ser lida quando enrolada no bastão com diâmetro igual ao do original. Usando esse artifício, Lisandro pôde receber informes seguros sobre a traição dos aliados persas, que anteriormente o haviam auxiliado a derrotar os atenienses. Ele navegou contra os persas e venceu. Os bastões eram essenciais ao exercício do cargo de comandante; eram um símbolo do acesso a informações e, portanto, do poder. Dizem ser esta a origem dos bastões que os militares recebem, ainda hoje, ao serem promovidos ao generalato.

— Júlio César, o general romano, por sua vez, usava um sistema diferente, que constituiu uma evolução. Ele trocava as letras da mensagem. Se a mensagem tinha uma letra A, ele usava, ao invés, a letra D, deslocando, portanto, o alfabeto em 3 letras. A chave dessa substituição, portanto, era 3, pois todas as letras do alfabeto eram deslocadas em três posições para a direita. Esses artifícios iam sendo descobertos e tais sistemas iam

---

[1] *Quando o assunto é criptografia, a palavra mensagem pode significar muitas coisas. Pode ser um texto escrito a mão ou digitado em um computador, pode ser uma foto, uma página de fax, um desenho, uma gravação de sons, de voz, enfim, qualquer conteúdo que transporte uma informação.*

Criptografia

progressivamente perdendo segurança. Na guerra civil norte-americana, usava-se um par de discos metálicos que giravam, um dentro do outro, indicando a correspondência entre os alfabetos de substituição. Vocês podem imaginar a imensidade de artifícios inventados para proteger as mensagens, ao longo da história. Querem ver um exemplo bem simples do que seja um sistema de substituição? Vejam a mensagem que estou escrevendo:

Rdys rj izs zrmdshrz vogtsfs.

— Vocês não conseguem entender a mensagem, porque ela está cifrada, e só eu conheço a chave para decifrá-la. Após a decifração, ela fica assim:

Esta eh uma mensagem cifrada.

— Difícil? Sim, mas apenas para o leigo. Um especialista obtém a resposta em pouco tempo: nós simplesmente pegamos as teclas à direita, no teclado. Ao invés de usarmos a tecla A, resolvemos usar a tecla S para representá-la e assim por diante. Podíamos até usar um teclado totalmente diferente, um para cada dia. Tais mecanismos são, acreditem, muito vulneráveis contra especialistas, e podem enganar um monte de gente por muito tempo, mas nunca um criptoanalista atento. Se o assunto for profissional e seu valor significativo, a saída é recorrer aos sistemas criptográficos mais complexos, de difícil dedução até mesmo para os profissionais e seus fantásticos computadores.

— Os alemães desenvolveram uma máquina portátil extremamente complexa para realizar tal trabalho. Os ingleses, com uma providencial ajudazinha de um polonês que conhecia o sistema, conseguiram desenvolver um computador para quebrar a máquina alemã, conhecida por Enigma. Este conhecimento foi vital para o desfecho da guerra no teatro ocidental. Na frente do Pacífico, os americanos buscavam informações dessa natureza a todo custo. O Japão, segundo alguns autores, era por demais confiante em seu sistema criptográfico e nunca percebeu que ele era gradualmente desvendado pelo inimigo.

— Quando um barco japonês, fosse ele um navio ou um submarino, era atingido, os marinheiros americanos atiravam-se ao mar, nadavam até o barco adernado e, enquanto os japoneses buscavam sair para salvar-se, nele entravam à procura dos livros de códigos japoneses. Muitos morreram nessas tentativas, mas os livros e máquinas obtidos alimentavam a central de criptoanalistas que, finalmente, lograram decifrar o sistema japonês. Interceptando e manipulando informações, os norte-americanos armaram uma fantástica emboscada aos porta-aviões japoneses em Midway e, em outra oportunidade, interceptaram em vôo e abateram o comandante japonês da frota do Pacífico, o Almirante Yamamoto. Acreditem se quiserem, mas coisas parecidas acontecem na guerra por informações, que hoje se desenvolve entre empresas, em busca de competitividade num mundo globalizado.

— Todas as técnicas criptográficas exigem um elemento denominado chave. A chave é indispensável. A primeira chave que se tem notícia seria o diâmetro daquele bastão usado por Lisandro de Esparta. A chave pode ser um número, uma palavra, uma seqüência de dados, ou bits[2], em um computador. Todo os sistemas conhecidos até meados da década de 1970 eram chamados simétricos, porque a chave usada para cifrar a mensagem era a mesma chave usada para decifrá-la. É como a chave de uma porta. Quem tem uma cópia da chave usada para fechar uma porta, consegue abri-la sem problemas, porque as chaves são iguais. Uma fechadura de porta é um sistema simétrico, por usar a mesma chave para fechar e abrir.

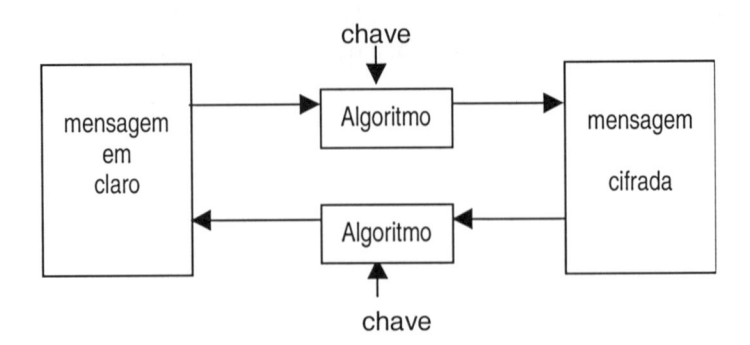

```
                    chave
                      ↓
  ┌──────────┐    ┌─────────┐    ┌──────────┐
  │ mensagem │───▶│Algoritmo│───▶│ mensagem │
  │    em    │    └─────────┘    │  cifrada │
  │   claro  │    ┌─────────┐    │          │
  │          │◀───│Algoritmo│◀───│          │
  └──────────┘    └─────────┘    └──────────┘
                      ↑
                    chave
```

— Esta figura representa o sistema tradicional em criptografia. Ambos os lados têm um mesmo algoritmo, que nada mais é que uma fórmula matemática ou um sistema de equivalência entre alfabetos. Ambos os lados precisam também ter, combinada entre si, a mesma chave. A chave pode ser um número, pode ser uma palavra — tipo uma senha — ou pode ser uma outra informação qualquer, mas que precisa ser compartilhada.

— O sistema simétrico era, e ainda é, um sistema muito bom, mas com dois problemas complicados de resolver, quando há muitos correspondentes em uma rede de comunicações. Primeiro problema: cada um dos lados precisa ter conhecimento da mesma chave, o que quer dizer que têm que combiná-la previamente se estiverem próximos entre si. Se estiverem afastados, e podem estar um de cada lado do globo terrestre, as chaves precisam ser trocadas através de um meio de comunicação, o que vulnerabiliza a confidencialidade das chaves e, portanto, do sistema inteiro.

— É comum pensar: ora, se eu tenho um meio seguro para a troca das chaves, por que não posso usar o meu sistema criptográfico para trocar e distribuir as chaves futuras? Alguns profissionais ainda fazem isso, e o problema está na concepção da idéia: se o oponente quebrar suas comunicações uma vez, não precisará quebrar nunca mais. E a idéia básica da criptografia é dificultar as coisas para o oponente, nunca facilitar. O conceito de segurança cairia por terra. Veja as fechaduras de portas, que não podem ser iguais. Algumas são mais complexas do que outras, justamente para permitir a proteção de bens mais valiosos. A complexidade da fechadura deve ser proporcional ao valor do que se quer proteger. Da mesma forma, isto acontece com os algoritmos criptográficos. Se a informação

---

[2] *O bit (binary digit) é a unidade de informação no sistema binário. Para representar a quantidade cinco no sistema decimal (que tem dez símbolos: 0 a 9) usamos o símbolo 5. Para representar a mesma quantidade no sistema binário (dois símbolos: 0 e 1) usamos 101. Os computadores usam bits porque seus sistemas lógicos operam somente com dois níveis de voltagem. Mas é possível contar até trinta usando as duas mãos: basta que cada dedo da mão esquerda valha 5, e cada dedo da direita valha 1. Comece contando com a direita. Ao chegar ao cinco, levante um dedo da mão esquerda e abaixe todos os da direita. Siga assim até o trinta.*

é muito valiosa, então exige-se um sistema criptográfico de complexidade maior, que retarde ao máximo o trabalho do criptoanalista adversário.

— E por que eu disse "retarde"? Ora, proteção é sempre um conceito relativo. O fato é que os sistemas criptográficos são devassáveis pelos bons criptoanalistas e seus computadores, na mesma medida em que as fechaduras acabam cedendo, cedo ou tarde, ao trabalho persistente dos bons chaveiros e suas gazuas. O que se busca fazer é retardar ao máximo esse sucesso do oponente, e para isso trocamos as chaves do sistema periodicamente. Seria como se estivéssemos trocando a fechadura de nossa casa uma vez por mês. A segurança sem dúvida é maior, mas nunca 100%. Querem mais? Imaginem que vocês criptografam suas informações hoje com bom grau de segurança. Imagine agora que seu oponente consegue interceptar e gravar todos os dados criptografados. Imaginem que o tempo passa e, dez anos depois, alguém descobre e divulga uma forma fácil de quebrar a criptografia usada. Pronto, o oponente desvenda seus dados de dez anos atrás, dados esses que, em muitos casos, ainda guardam bom grau de sensibilidade.

Alguém, na fileira da frente, perguntou algo em voz baixa. Lucas ouviu apenas a resposta de Mário.

— Existe. Pelo menos, pode-se provar, matematicamente, que ele é 100% seguro. Chama-se One Time Key. Neste sistema, cada elemento da mensagem é cifrado usando uma chave diferente, aleatória, e que é destruída logo após sua utilização. Não havendo base estatística para o ataque criptoanalítico à mensagem, ela só poderá ser decifrada pelo destinatário, que possui uma cópia das chaves usadas. Esse sistema, entretanto, possui outras vulnerabilidades que não dizem respeito apenas ao cálculo matemático. Uma delas é o ser humano. Pode sair muito mais em conta comprar uma informação ou uma cópia do sistema e das chaves, do que interceptar e quebrar uma mensagem cifrada.

— Acabamos de ver, então, o primeiro grande problema dos sistemas simétricos, o da troca ou distribuição das chaves simétricas. E o segundo? Alguém consegue dar uma pista sobre o segundo?

Houve risos no lado direito da sala. Alguém havia contado alguma piadinha, item raro em criptografia.

— O segundo problema existente nos sistemas simétricos é a escalabilidade. Duas pessoas, A e B, necessitam de apenas uma chave para se comunicarem de forma segura. Isso porque a chave que cifra de A para B é a mesma que cifra de B para A. Três pessoas A, B e C precisam de três chaves, que permitirão cifrar as comunicações entre A e B, A e C, e B e C. Entretanto, quatro pessoas precisarão de seis chaves (AB, AC, AD, BC, BD e CD), cinco precisarão de nove e assim por diante, até que 200 pessoas precisarão de 19900 chaves!

Mário desenhou três figuras no quadro e contou os lados e diagonais, para conferir.

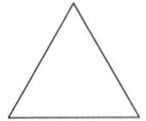

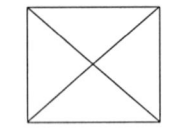

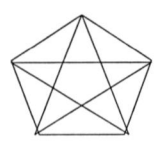

Lembram da matemática do segundo grau? Ela mesma: combinação de 200 elementos tomados 2 a 2... podem fazer as contas.

$$C_{200,2} = \frac{200!}{2!\,(200-2)!} = 19.900$$

— Esse conjunto de chaves é muito difícil e trabalhoso de gerenciar, por serem muitas e exigirem segredo, e principalmente porque, como vimos, as chaves precisam ser trocadas de quando em quando como medida adicional de proteção... Lembrem do que falei sobre o Japão, na Segunda Guerra...

— Há ainda um terceiro problema que eu ia esquecendo, e não menos importante: se uma mensagem é criptografada em um sistema simétrico, não é possível dar certeza sobre quem é seu verdadeiro autor, uma vez que pelo menos duas pessoas detém a mesma chave. A pergunta é: afinal, qual dos dois cifrou a mensagem? Abre-se o caminho a fraudes de toda sorte, e o sistema perde credibilidade. Assim, pode parecer que os sistemas simétricos são mais um problema do que uma solução. E talvez isso seja uma verdade no mundo moderno. A era da informação trouxe uma quantidade fantástica de dados para as linhas de comunicação e satélites, vulnerabilizando-os. Aumentou também a quantidade de pessoas e empresas que dependem da informação. Com isso, a criptografia simétrica passou a enfrentar os três obstáculos já mencionados: primeiro, como trocar e distribuir chaves; segundo, como administrar volumes fantásticos de pares de chaves; e, terceiro, como identificar o autor de uma mensagem criptografada de forma a ser possível exigir-lhe responsabilidade sobre seus atos no mundo informatizado?

— Os sistemas simétricos, entretanto, permitem excelente segurança e são muito rápidos para cifrar e decifrar. Estas duas características são importantíssimas e indicam que não serão substituídos tão cedo.

— Pois bem... E o que teríamos a dizer sobre a segurança destes sistemas?

— Há duas abordagens à segurança de um sistema simétrico. A primeira é com relação à complexidade da chave. Quanto mais complexa a chave de um cadeado, maior é a segurança, porque exige do chaveiro um tempo mais longo para abri-lo. No mundo digital, as chaves têm sua complexidade medida em bits. Quanto maior for o número de bits de uma chave simétrica, maior será a dificuldade de adivinhá-la, pois mais tempo será necessário para testar todas as possibilidades. Chaves curtas, com 40 bits, podem ser adivinhadas — ou "quebradas" — em frações de segundos, enquanto as de 80 bits levam alguns milhares de anos para terem todas as suas possibilidades esgotadas. As de 128 bits, por sua vez, levam, com os computadores de que temos conhecimento, tempos compatíveis com a idade estimada do Universo. Mas a gente tem que ter cuidado, pois esse é um mundo estatístico, e a chave certa poderá ser encontrada, para nosso azar, na primeira tentativa que o nosso adversário fizer... Isso é um tipo de loteria...

— A segunda abordagem trata da qualidade do algoritmo. Ela é muito importante. Vejam o caso do chaveiro, quando ele vem abrir a porta do carro quando deixamos a chave trancada do lado de dentro. Ele não traz consigo milhares de chaves para sair tentando, uma a uma, até descobrir a chave certa. O que ele traz é um pequeno conjunto de ferramentas que, às vezes, ele mesmo faz, e com elas busca meticulosamente as falhas no mecanismo da fechadura e, assim, abre a porta. Da mesma forma, se um algoritmo criptográfico não for de boa qualidade, então ele será mais vulnerável ao criptoanalista experiente.

— Eu queria deixar um último recado, antes de encerrar este tempo de aula. Se um concorrente conseguir quebrar o sistema criptográfico que vocês usam, fiquem certos: vocês serão os últimos a saber. Nunca esperem que o adversário ligue avisando: "Olha, eu consegui quebrar o seu cripto... você está vulnerável. Mude seu sistema, ok?"

— Fiquem espertos, portanto. Após o intervalo, estudaremos rapidamente os algoritmos assimétricos.

Capítulo 23

Sistemas Simétricos

— Os sistemas criptográficos assimétricos são bastante complexos, ainda estão em evolução e são difíceis de explicar, de primeira. Mesmo assim, vamos nessa. Os sistemas simétricos, como vimos, funcionam como um cofre. Vocês guardam um segredo com uma chave ou segredo. Depois usam a mesma chave ou segredo para abrir o cofre. As chaves ou segredos usados são os mesmos, tanto para proteger como para desproteger.

O silêncio da turma indica, como sempre, uma mistura de três estados intelectuais: compreensão total, ignorância absoluta e descaso insidioso. As esperanças de um professor repousam na expectativa de que mais da metade dos alunos esteja no primeiro grupo.

— Pois é. Nos sistemas simétricos, qualquer pessoa que detiver a chave poderá abrir o cofre comum e guardar alguma coisa nele. Qualquer pessoa que tiver a mesma chave poderia abri-lo. Assim, não será possível determinar com precisão quem, dentre os detentores da chave, terá guardado ou retirado um certo objeto do cofre.

— Isso passou a ser um enorme problema em sistemas grandes, nos quais muitas pessoas detêm a mesma chave. Imaginem a confusão, pois algumas poderão se fazer passar por outras e provocar problemas. Lembrem-se de que, se estamos cifrando informações e mensagens, é porque elas são importantes, têm valor financeiro ou estratégico. O acesso a elas deve ser supercontrolado.

— Imaginem agora que vocês têm um cofre especial, com uma porta em cima e outra embaixo, cada porta com sua chave própria. Tudo tranqüilo até aqui?

O silêncio se mantinha.

— Agora imaginem que a chave da porta de cima pode ser livremente copiada. Então, eu faço cópias e distribuo para quem eu bem entender. A chave da porta de baixo é só minha; ninguém conhece, só eu. Assim, qualquer pessoa pode proteger mensagens para mim, abrindo a porta de cima com a chave que eu copiei e distribuí, e colocando-as no cofre; mas só eu posso abrir a porta de baixo e lê-las. Este é um sistema assimétrico, porque tem duas chaves diferentes. Sua grande vantagem é que somente o detentor da chave de baixo pode ler as mensagens. Isso é particularmente útil em sistemas grandes, como a Internet, com milhões de usuários, onde muitos querem enviar mensagens ou ordens de compra codificadas, sem que sejam lidas por todo o resto. Assim, quem lê é só o destinatário. Fica assegurada a confidencialidade.

— Em 1974, três pesquisadores publicaram a proposta de um sistema revolucionário, onde a chave que cifra uma mensagem é diferente da que a decifra. A inovação inaugurou a era dos sistemas assimétricos. Uau! Isto foi fantástico, porque resolvia de forma satisfatória os três problemas que apontei. Mas trazia um novo probleminha, que explicarei a seguir. Calma, gente... eu vou explicar.

Sistemas Simétricos

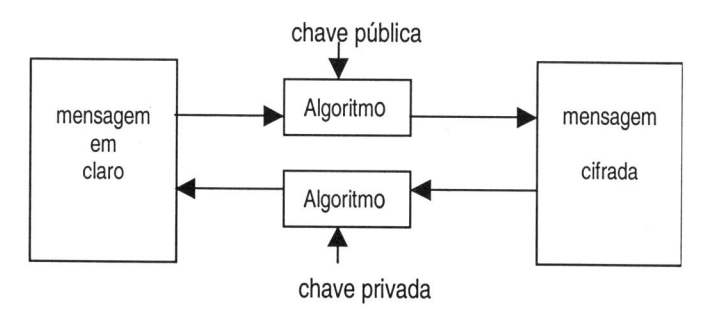

```
                    chave pública
                          ↓
  ┌──────────┐      ┌──────────┐      ┌──────────┐
  │ mensagem │ ───▶ │ Algoritmo│ ───▶ │ mensagem │
  │    em    │      └──────────┘      │          │
  │   claro  │ ◀─── ┌──────────┐ ◀─── │  cifrada │
  └──────────┘      │ Algoritmo│      └──────────┘
                    └──────────┘
                          ↑
                    chave privada
```

— Olhem o desenho. Nos sistemas assimétricos, a chave usada para cifrar uma mensagem é pública, ou seja, todos podem e devem conhecer, sem que isto represente uma vulnerabilidade. É normal que essas chaves sejam colocadas em exposição em sites na Internet ou enviadas por e-mail para que todos possam conhecê-la, da mesma forma como todos podem conhecer o nosso número de telefone, bastando olhar o catálogo telefônico.

— A chave usada para decifrar, como está aqui no desenho, é denominada chave privada. As duas estão, é claro, matematicamente relacionadas, mas há um detalhe importantíssimo: deduzir uma a partir da outra é um problema de altíssima complexidade para os computadores conhecidos. Uma operação inconcebível. Algo como um milhão de vezes a capacidade atual dos computadores, para esgotar todas as possibilidades em mil anos. E é esta dificuldade de cálculo computacional que protege as chaves, e nada mais, sendo essa a razão por que as chaves assimétricas são tão longas, quase dez vezes mais que as usadas nos sistemas simétricos. As chaves públicas e privadas têm tamanhos que podem ser 1024 ou 2048 bits. Parece muito, mas não é. Elas precisam ser longas porque existem aos pares — uma pública e outra privada — sendo vital que seja muito difícil, senão impossível, deduzir uma a partir da outra do mesmo par.

Um aluno interrompeu, sem cerimônias.

— Isso quer dizer que se eu descobrir ou puser as mãos em um processo que facilite a dedução dessas chaves, ou seja, a dedução da chave privada a partir da pública...

— Exatamente. Os sistemas que empregam tal tecnologia ficariam subitamente vulneráveis. Isto é particularmente amedrontador, se imaginarmos que, em vários países, tais chaves são consideradas legalmente válidas para identificar a assinatura eletrônica de uma pessoa. Têm o mesmo valor legal de uma assinatura feita a mão sobre papel. Um dia será assim também aqui, no Brasil.

— Observem que o funcionamento real dos sistemas assimétricos não é tão trivial quanto o dos simétricos. Para melhor explicar, vamos montar um pequeno exemplo sobre como as coisas funcionam, na prática. Esqueçam o cofre com duas portas. Suponhamos que este colega de vocês, aqui na frente, o Marcelo — desculpa Marcelo, eu não queria te acordar...

O Projeto Midas

— ...o Marcelo, pessoal, quer fazer parte de uma rede de comunicações baseada em um sistema criptográfico assimétrico. Muito bem. Como primeiro passo, ele mesmo executará, em seu próprio computador, um pequeno programa gerador de chaves. Em poucos segundos, ele gerará duas chaves: uma pública e outra privada. Parece fácil, mas as coisas estão apenas começando.

— O primeiro desafio do Marcelo é proteger esta chave privada. O nome já diz: ela á privada, e deve ser mantida assim para sempre. Ninguém mais deve conhecê-la, só o dono dela... viu, Marcelo? Mas onde é que o Marcelo vai guardar 1024 bits secretos? É óbvio que ele não vai conseguir decorar 1024 zeros e uns. A solução é armazená-la em algum lugar e protegê-la com uma senha. A chave privada do Marcelo ficará guardada em um disquete, um disco rígido de computador, uma memória de computador, um cartão inteligente, ou em qualquer outra mídia, sempre cifrada por uma senha que só ele conhece. É recomendável que esta senha seja forte. Não usem apenas uma palavra, mas uma frase relativamente longa, com boa variedade de caracteres. Algo do tipo: "O QI e os sapatos do meu vizinho têm o mesmo número".

— Olhem só, que solução fantástica para o primeiro problema, aquele que diz respeito à necessidade da distribuição das chaves. Nos sistemas assimétricos, como acabei de mostrar, as chaves são diferentes entre si e têm longa durabilidade, porque têm pouca chance de serem descobertas ou deduzidas. Portanto, não precisam ser trocadas com tanta freqüência.

— O segundo problema, o da administração das chaves, também ficou resolvido. Cada indivíduo ingressa na rede com apenas duas chaves, não importando a quantidade de conexões possíveis. O crescimento do número de chaves nos sistemas simétricos era quase exponencial, lembram? Pois, aqui, ele é linear. Isso é perfeito para uma rede com centenas de milhões de usuários, como a Internet.

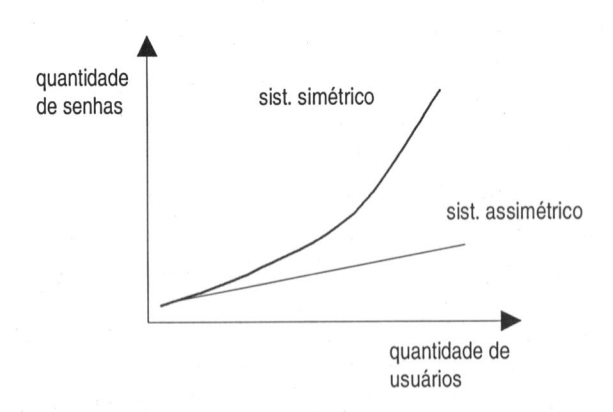

— E... lembram do terceiro problema, aquela dificuldade, apresentada pelos sistemas simétricos, de identificação de autoria? Os assimétricos tiram isso de letra, não havendo qualquer necessidade de artifícios: a identificação é nativa, nesses últimos. Vou explicar isso mais tarde: chama-se assinatura digital.

— Agora, o tal probleminha de que falei: Como as chaves são muito extensas e os algoritmos muito complexos, os cálculos criptográficos tornam-se muito lentos, mais ou menos mil vezes mais lentos do que os realizados nos sistemas simétricos. Isso tornaria inviável o uso dos sistemas assimétricos, pois sabemos que uma das coisas que se busca no mundo informatizado é velocidade de resposta. Assim, teve-se a seguinte idéia: que tal aproveitar a velocidade do sistema simétrico e, ao mesmo tempo, corrigir aqueles três problemas, usando o sistema assimétrico? Ou seja, usar uma combinação dos dois sistemas, utilizando o que cada um deles tem de melhor... E assim foi feito. Hoje, usam-se os assimétricos para o gerenciamento das chaves e os simétricos para a confidencialidade do conteúdo da mensagem.

Capítulo 24

Assinaturas Digitais

— Agora falaremos sobre assinatura digital. O Marcelo aqui já sabe que nos é perfeitamente possível cifrar uma mensagem com uma chave pública e depois decifrá-la com a chave privada correspondente. Este processo nos provê confidencialidade, certo? Agora, imaginem o processo inverso. Imaginem o que aconteceria se o Marcelo cifrasse um documento qualquer com a chave privada dele. O que significaria isto? Ora, como somente o Marcelo detém a sua própria chave privada, e ninguém mais, então somente ele teria os meios de cifrar a mensagem daquela forma, certo? Para o resto do mundo, significaria o mesmo que uma assinatura em papel: ou o Marcelo é o autor do documento ou, no mínimo, tomou conhecimento dele. E qualquer pessoa poderia buscar a chave pública do Marcelo e, com ela, decifrar a mensagem. Se a mensagem for decifrável usando tal chave, significa que foi ele que a cifrou, e somente ele. A este processo damos o nome de assinatura digital.

— Neste processo — o da assinatura digital — a gente costuma aproveitar a oportunidade e resolver um outro problema que a matemática tira de letra: a integridade da mensagem. Eu vou explicá-lo agora, e depois voltaremos à assinatura digital. Vejam este desenho:

mensagem → função hash → 160 bits

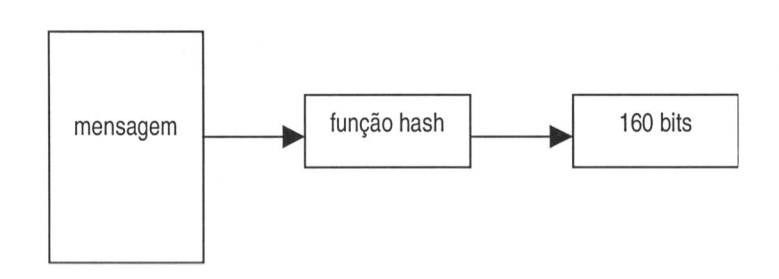

— Imaginem uma mensagem digital, de qualquer tamanho. Agora aplique um cálculo matemático, seqüencial, sobre cada bit dela. O resultado do cálculo será, digamos, um conjunto de 160 bits. Há vários algoritmos matemáticos que fazem isto com rapidez e qualidade. São chamados funções hash. E novos algoritmos estão sendo sempre propostos pelos matemáticos. O interessante nesses cálculos é que, se alterarmos qualquer coisa na mensagem original, por menor que seja a mudança, e reaplicarmos o cálculo à mensagem modificada, o novo resultado será totalmente diferente. Isto significa que o hash possibilita descobrir se a mensagem foi de alguma forma modificada, ou seja, ele torna possível certificar a integridade da mensagem original. Isto é feito da seguinte forma: envio a mensagem e também os 160 bits resultantes do cálculo hash. Na chegada da mensagem ao destino, pode-se fazer o mesmo cálculo sobre a mensagem, verificando se confere com o hash recebido. Se não conferir, é porque a mensagem não é original; sofreu alguma modificação, acidental ou propositada.

— Agora que sabemos o que é uma função hash, o que são chaves públicas e chaves privadas, ficará mais fácil entender como é o processo da assinatura digital. Vejam este desenho, que mostra a forma simplificada de como se assina um documento:

Assinaturas Digitais

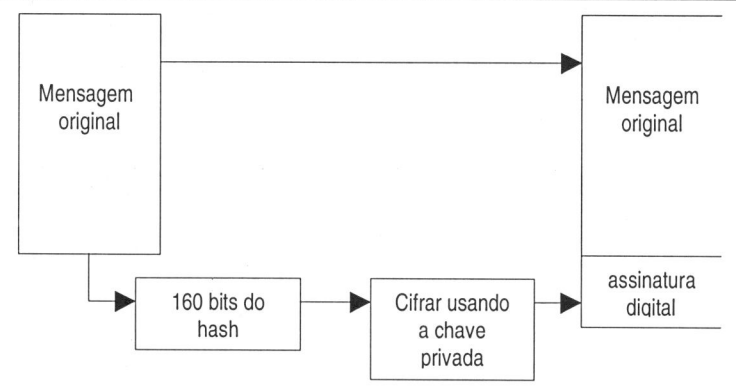

[Diagrama: Mensagem original → 160 bits do hash → Cifrar usando a chave privada → assinatura digital; Mensagem original → Mensagem original]

— À direita, vemos a mensagem assinada, que é um conjunto formado pela mensagem original e os 160 bits resultantes do hash, após serem cifrados usando a chave privada do remetente. Agora, fica a pergunta: como é feita a conferência dessa assinatura? Afinal, o grande destino de uma assinatura é ser conferida por alguém, algum dia, não é?... Calma, pessoal... sem "stress"... eu já vou explicar...

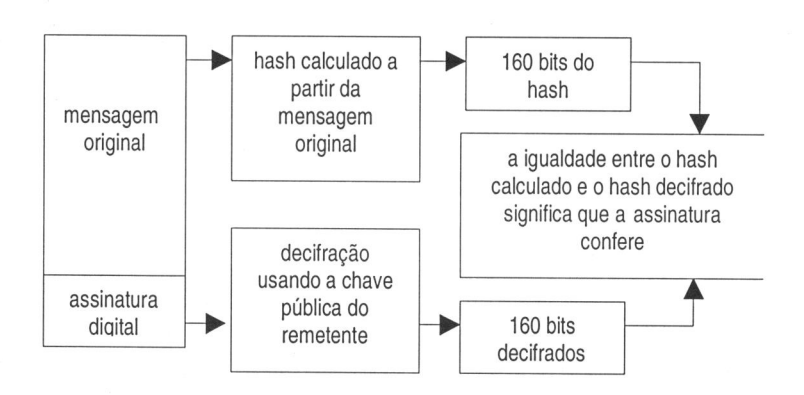

[Diagrama: mensagem original → hash calculado a partir da mensagem original → 160 bits do hash; assinatura digital → decifração usando a chave pública do remetente → 160 bits decifrados; a igualdade entre o hash calculado e o hash decifrado significa que a assinatura confere]

— O processo de conferência da assinatura digital é feito por comparação entre dois números. Um deles é o hash da mensagem, o outro é o resultado da decifração da assinatura digital. Simples, não é? É claro que podemos proteger a mensagem original com uma criptografia simétrica, e aí teremos, simultaneamente, confidencialidade, integridade e autenticidade. Certo?

— Então, juntando-se tudo isto, o que resulta? Um sistema rápido, confidencial, com apenas duas chaves por pessoa; relativamente fácil de gerenciar, hipoteticamente seguro, verificador da integridade e capaz de identificar o autor de uma mensagem digital qualquer. Vamos chamá-lo de sistema combinado, e dividi-lo em etapas, que na prática ocorrem automaticamente — ou "automagicamente" — porque quem toma conta de tudo é um programa de computador. O que vou mostrar aqui é um contexto didático. Na prática, as coisas são um pouco diferentes.

O Projeto Midas

— Para cifrar uma mensagem usando o sistema combinado, programamos o computador para que faça o seguinte, nesta ordem:

1 - Calcule um hash da mensagem com, por exemplo, 160 bits de comprimento;

2 - Cifre o hash com a chave privada do remetente (assinatura digital);

3 - Gere uma chave qualquer (que, daqui para frente, chamaremos de secreta) usando um programa gerador interno;

4 - Cifre a mensagem usando esta chave e um algoritmo simétrico;

5 - Cifre a chave secreta usando a chave pública do destinatário;

6 - Envie ao destinatário a chave secreta cifrada, a mensagem cifrada e a assinatura digital.

— Um desenho nos ajudará a entender:

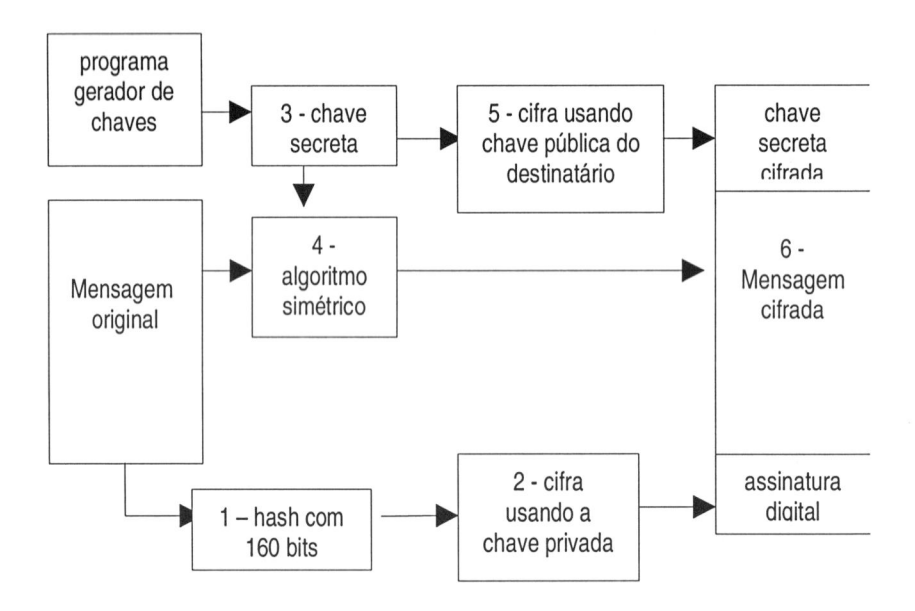

Assinaturas Digitais

— A decifração da mensagem, no sistema combinado, é feita seguindo o processo inverso, como sempre:

1 - Separação entre a chave cifrada, a mensagem cifrada e a assinatura digital;
2 - O destinatário usa sua chave privada para decifrar a chave secreta;
3 - A mensagem é decifrada usando-se a chave secreta obtida em 2;
4 - Calcula-se, apenas para verificação, um novo hash da mensagem, usando o mesmo processo usado na cifração;
5 - A assinatura digital deve ser decifrada usando a chave pública do remetente (obtém-se o hash de 160 bits e a confirmação da origem);
6 - Compara-se esse novo hash com o hash decifrado; se os dois hashes forem iguais, haverá integridade... e autenticação!

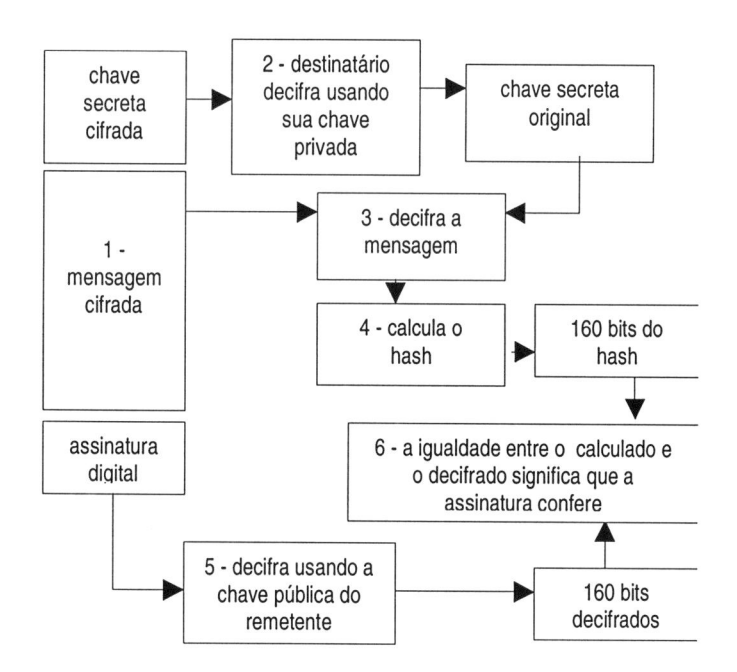

— Por falar em assinatura digital, é importante mencionar a existência do PGP, um programa de computador que reúne vários sistemas criptográficos muito eficientes, mas só serve para proteger correio eletrônico, em inglês, electronic mail, abreviadamente e-mail. Vamos primeiro entender o que vem a ser um e-mail. Os computadores permitem que se escreva uma mensagem e a ela se anexe qualquer outro arquivo de computador... e depois, a envie a qualquer pessoa no mundo. Os dados seguem pelas linhas de dados que intercomunicam grande parte dos computadores existentes no mundo, a Internet.

---

[1] O programa PGP, incluindo seu programa-fonte, pode ser obtido no site www.pgpi.com. Os usuários do Software Livre podem obtê-lo em www.gnupg.org.

— Já disse a vocês, em outra aula, que as mensagens transmitidas no sistema de e-mail não têm qualquer segurança. As pessoas olham aquela figurinha de um envelopinho, na tela, e são sugestionadas a imaginar que existe algum grau de privacidade naquela correspondência. Pois não existe. Dizem que o e-mail tem a segurança de um cartão-postal escrito a lápis, isto é, pode ser facilmente lido enquanto em trânsito, e também facilmente alterado.

— A única ferramenta eficaz para proteger a confidencialidade e garantir a integridade de um documento eletrônico, incluindo o e-mail, é a criptografia. Sem criptografia, os documentos ficam vulneráveis à curiosidade alheia. A encriptação de e-mail geralmente envolve uma criptografia combinada de sistemas simétricos e assimétricos, onde uma chave protege o documento enquanto uma outra, diferente, o desprotege. O PGP[1] é, na verdade, um conjunto de bons programas criptográficos, simétricos e assimétricos, que proporciona uma solução barata e razoavelmente segura para o e-mail.

— A primeira versão do PGP apareceu em junho de 1991. O seu autor, um norte-americano chamado Philip Zimmermann, acabou se envolvendo em problemas com o governo norte-americano, que entende ser criptografia um tipo de armamento. As acusações contra Zimmermann terminaram sendo retiradas. O fato é que o PGP tem tido boa aceitação entre seus usuários, apesar de algumas desconfianças de que ele teria uma chave adicional, para uso da empresa onde o usuário trabalha, a fim de possibilitar a recuperação da correspondência no caso do afastamento do empregado.

— É ainda interessante saber que, em razão de seu caráter sensível, as leis de alguns países proíbem o uso de algoritmos criptográficos sem licença oficial. Entre eles, estão a França, Rússia e China, cada um com seus motivos. Pensem um pouco, para descobrir quais seriam eles.

Parte 5

Capítulo 25

SSL

Mário parecia entusiasmar-se com o assunto, quando olhou para o relógio de pulso.

— Pessoal, temos que correr. Há ainda um último assunto bastante importante que eu preciso mostrar ainda hoje. É o SSL, Secure Socket Layer, um protocolo que ficou famoso e todos nós já usamos, mesmo sem saber. É ele que faz fechar aquele cadeadinho, na tela do computador, quando usamos a Internet para nos comunicarmos com o nosso banco.

— Todos sabemos o que são browsers de Internet, aqueles programas que nos permitem conexão à Internet e a visita aos milhões de sites existentes. Há vários deles, sendo os mais famosos o Internet Explorer® e o Netscape®. Pois é, quando a Netscape bolou o seu browser, e isso foi lá por 1993, eu acho... não lembro porque era muito pequenininho na época...

Poucos alunos demonstraram achar aquilo engraçado. Talvez tivessem rido por piedade, ou bajulação. De qualquer forma, Lucas já observara que a turma não era muito participativa; Mário, porém, parecia estar à vontade.

— A Internet não é como o corredor da faculdade, onde a gente fala com o colega enquanto olha para ele e pode, assim, identificá-lo... ou um shopping, onde a gente entra nas lojas e bancos após identificar o ambiente e certificá-lo como verdadeiro e válido — quem, aqui, já se imaginou entrando em uma agência bancária falsa e digitando sua senha em uma máquina falsa? — O mesmo acontece com o telefone, que nos permite identificar a voz do nosso correspondente e, após uma troca de cumprimentos e comentários, concluir, com certo grau de certeza, não se tratar de alguém imitando a voz da pessoa. Na Internet, nada disto existe, ficando impossível identificar e certificar pessoas e sites.

Mário aproximou-se dos alunos.

— Por falar em telefone... nunca, nunca subestimem os perigos de um telefonema, pois há pessoas com uma habilidade incrível para imitar a voz de outras. Acho que foi em 1997, um comediante de rádio, no Canadá, resolveu fazer uma brincadeira com a rainha da Inglaterra. Com o programa de rádio ao vivo, ligou para a rainha e, imitando a voz do primeiro-ministro do Canadá, começou a trocar idéias sobre assuntos políticos oportunos e cometeu até um comentário negativo acerca da beleza estética de Sua Majestade. A rainha caiu direitinho. Se, um dia, vocês tiverem informações sigilosas sob sua guarda, cuidado para não caírem nessa.

— A propósito, alguém viu um filme onde o mocinho, um oficial norte-americano na Segunda Guerra, foi dopado pelos alemães e, quando acordou, viu-se num hospital americano, um ano depois, cheio de outros norte-americanos, revistas, jornais, jipes, uniformes... Lógico que ele não sabia, mas tudo era falso, haviam-se passado apenas dois dias... O objetivo da farsa era arrancar-lhe o segredo sobre o verdadeiro local da invasão da Europa pelas forças aliadas. Acho que o nome do filme era "48 horas", não vou contar o final, mas é um bom exemplo de como as pessoas podem ser induzidas a julgar erroneamente um ambiente, seja ele visual ou sonoro.

— Voltando ao SSL... Já sabendo de tudo isso, a Netscape inventou um protocolo que nos permite ter certeza de quem está do outro lado da Internet. Isto é feito em vários passos. O primeiro é a emissão de uma espécie de carteira de identidade, válida em todo o território da Internet. Esta identidade chama-se certificado digital. O certificado contém informações sobre uma pessoa ou uma organização. Os dados são variados, mas alguns são obrigatórios, como o nome do titular, a validade do certificado e a chave pública. O certificado precisa ser assinado por alguma autoridade, da mesma forma que nossas carteiras de identidade. Só que a autoridade que assina nosso certificado digital chama-se Autoridade Certificadora (AC), e ela assume absoluta responsabilidade pela veracidade do que consta do certificado. A AC faz tudo isso verificando se os dados são corretos e realmente correspondem ao titular. Para tanto, o titular precisará, em muitos casos, ir pessoalmente à AC para submeter-se a uma identificação visual, mostrando sua carteira de identidade civil, por exemplo. As assinaturas da AC nos certificados digitais são feitas no formato já visto, de assinatura digital.

— Então, pessoal, quando alguém quer se identificar numa rede de computadores, basta mandar o seu certificado digital, certo?

Mário parou de falar por alguns instantes... uma técnica de oratória comumente usada para atiçar a atenção da audiência. Falsificou um curto sorriso e continuou.

— Errado, gente! Lembrem-se de que estamos no mundo digital. Alguém, ou algum um programa de computador, pode copiar seu certificado e fazer-se passar por você. Qualquer um na Internet poderia fazê-lo... Como foi que a Netscape resolveu isto?

A turma, agora, parecia interessada.

— Ela criou um protocolo especial, chamado SSL, Secure Socket Layer, e instalou-o no seu programa de acesso à Internet, o browser da Netscape. Esse protocolo encarrega-se, até hoje, de garantir a identidade dos interlocutores, usando a tecnologia de chave pública. Como vimos, o primeiro passo para isso é deter um certificado digital, o que pressupõe a existência de duas chaves, uma pública e outra privada. Vamos exemplificar os demais passos do processo.

— Suponhamos que a nossa colega Lúcia, sentada aqui na frente, resolva conectar-se ao seu banco, o Banco Ômega, pela Internet. Este é o passo 2. Ela escreve o endereço do banco no browser, que se encarrega de trazer a página do banco para o computador da Lúcia. Só que o banco tem interesse em que a comunicação seja sigilosa. A senha dela poderia cair nas mãos de terceiros, que poderiam sacar todo o dinheiro da Lúcia. Não seria nada bom que isto acontecesse, pois ela poderia, junto com outros milhares de clientes, processar o banco. Pior ainda, a notícia de que o sistema do Ômega não era confiável abalaria a credibilidade do banco. Lembremo-nos de que os bancos dependem de credibilidade para existir. Para atingir seu objetivo, o banco informa ao browser da Lúcia que ele tem um certificado, e o envia pela rede. Este é o passo 3.

O Projeto Midas

Enquanto falava, Mário desenha uma tabela no quadro, copiada mecanicamente pela maioria dos alunos.

Passo	Sentido	Ação
1		O Banco obtém um certificado digital junto a uma autoridade certificadora
2	Lúcia→Banco	Lúcia conecta-se com o site do Banco na Internet
3	Lúcia←Banco	O Banco envia seu certificado digital para o browser da Lúcia
4	Lúcia→Banco	O browser da Lúcia acusa o recebimento e pede comprovação da propriedade
5	Lúcia←Banco	O Banco gera uma seqüência e cifra-a com sua chave privada. Envia ambos para o browser da Lúcia.
6	Lúcia→Banco	O browser da Lúcia decifra a seqüência recebida e compara-a com o claro também recebido. Se essa comparação for positiva, envia, cifrada pela chave pública do banco, uma chave secreta a ser utilizada na criptografia simétrica para a troca de dados durante o restante da conexão. O cadeado se fecha.
7	Lúcia←Banco	O Banco decifra a chave secreta e passa a empregá-la na cifração das informações durante a troca de dados, até o final da conexão

— Ao receber o certificado, o browser da Lúcia verifica se a assinatura digital confere e se o certificado está integro, sem alterações. Se o certificado for válido, o browser da Lúcia envia ao banco uma solicitação de comprovação de propriedade. Este é o passo 4. A idéia, aqui, é forçar o banco a provar que o certificado é dele próprio, não se tratando de um certificado furtado.

— Para provar ser o verdadeiro dono do certificado, o banco gera, automaticamente, uma seqüência qualquer de bits usando um programa gerador pseudoaleatório. Imediatamente após, cifra esta mesma seqüência de bits usando a própria chave privada. As duas versões da mesma seqüência, ou seja, a versão em claro e a versão em cifrado, são então enviadas para o browser da Lúcia, no passo 5.

Um aluno sentado junto à janela interrompe Mário sem pedir licença. Lucas recorda-se de seus tempos de estudante, quando era normal erguer o braço solicitando a atenção do professor antes de dirigir-lhe uma pergunta.

— E tudo isso é automático, ou tem alguma intervenção de alguém?

— Tudo isso é automático e acontece em frações de segundo. No passo 6, o browser da Lúcia, que acaba de receber duas seqüências de bits, decifra a seqüência que foi cifrada pela chave privada do banco. O browser consegue fazer isto porque encontrou a chave pública do banco dentro do certificado digital recebido no passo 3. Após, o browser compara as duas versões da seqüência de bits provinda do banco. Se a versão decifrada coincidir com a versão enviada em claro, o browser admite que o banco efetivamente detém a chave privada, o que o torna o proprietário legítimo do certificado remetido no passo 3. O banco acaba de ser autenticado pelo browser, como fazem os cartórios ao reconhecerem uma firma que "bate" com seus registros. Em função disto, o browser toma três providências importantes: primeiro, ele gera automaticamente uma seqüência de bits que será doravante usada como chave secreta para a cifração simétrica de todas as mensagens e dados tocados entre ele e o banco; segundo, envia esta chave para o banco após cifrá-la com a chave pública do banco (só este, que detém a chave privada, poderá decifrar essa mensagem); e, terceiro, apresenta, na tela, a figura de um cadeado fechado, simbolizando que os dados estão protegidos.

— Na última etapa do processo, no passo 7, o banco usa sua chave privada para decifrar a chave secreta recebida e, então, passa a usar esta última para cifrar todas as mensagens transmitidas... e também para decifrar todas as recebidas do browser da Lúcia.

O mesmo aluno fez nova intervenção.

— Qual o tamanho dessa chave secreta?

— As chaves secretas são usadas em algoritmos simétricos, cujo principal objetivo é prover confidencialidade. Alguns países têm políticas severas no que diz respeito à confidencialidade obtida por meios criptográficos. Isso porque organizações criminosas de uma forma geral empregam a criptografia, e os Estados, em busca de sua própria segurança, gostariam de poder "quebrar" essas comunicações sempre que necessário. A legislação americana limita o tamanho dessas chaves. No início, não podiam ser maiores do que 40 bits. Atualmente, o limite está em 128 bits.

Lucas levantou o braço. Tinha uma pergunta. Os alunos, surpresos com a nova voz, olharam para trás.

— Mas, os americanos conseguem decifrar arquivos protegidos com chaves de 128 bits? Você acabou de dizer que isso levaria milhões de anos...

— Particularmente, eu acho que sim. Só que o volume de mensagens cifradas cresce assustadoramente, cada vez tem mais gente usando cripto. Após a queda do World Trade Center, a questão do terrorismo disparou novos desafios em termos de acesso à informação. As antigas garantias individuais, entre elas o direito à privacidade, começaram a cair. Em seu lugar, surgiram novos métodos legais de obtenção de informações. Há um projeto do FBI, chamado Magic Lantern, que não passa de um "key logger" oficial. Todas as teclas digitadas nas máquinas passariam a ser registradas e poderiam ser acessadas pelo estado. Assim, este teria acesso teórico às senhas usadas pelos cidadãos. E eu digo teórico porque, é lógico, surgirão métodos para proteger a digitação dessas senhas, sem que o Magic Lantern consiga detectá-las.

— Continuando, há ainda algo muito importante que eu gostaria de mencionar logo, antes que me esqueça. Na verdade, trata-se de uma pergunta a vocês: quem garante ao browser da Lúcia a legitimidade da assinatura digital da Autoridade Certificadora do Banco Ômega? Vimos anteriormente que, ao conferirmos uma assinatura digital, temos que ter a garantia de que a chave pública da outra parte é realmente dela. Afinal? Quem dá ao browser da Lúcia essa garantia sobre a chave pública da Autoridade Certificadora?

Um dos alunos levantou a lapiseira e começou a falar. Só então Lucas pôde ver o rosto da tal Lúcia, que se virara para trás. Tinha a pele muito clara, o rosto pequeno e olhos escuros. Por um instante, ela o viu, depois olhou para o aluno que falava, e voltou-se para frente.

— O fabricante do browser?

— Correto, — disse Mário. Só que programas de software não são fabricados, mas desenvolvidos. E os desenvolvedores incluem em seus browsers os certificados originais das principais Autoridades Certificadoras. Essa lista só pode ser atualizada a cada nova versão do browser. É claro que se um de vocês resolver fundar uma autoridade certificadora, vai ter que se entender com os desenvolvedores de browsers, principalmente a Microsoft[MR].

— Observem que tudo isso é software, que roda em computadores. Se entendermos, por definição, que essas máquinas não são 100% seguras, já que não existe nada 100% seguro, então não devemos confiar 100% nesses processos de autenticação. Assim, a minha dica é: se o assunto tem importância de alguma forma vital, não o confie a esses protocolos e programas de computador. Utilizem um outro método que tenha garantias maiores de segurança. E por quê? Ora, nem só as corporações necessitam análises de risco. Os grandes sistemas também. E um bom exemplo são as infra-estruturas de chave pública. Imaginem um sistema abrangente, que ateste a identidade de pessoas físicas e jurídicas, e produza obrigações com vínculo legal... sem uma adequada análise de risco. Quem de vocês usaria, como assinatura manuscrita, um símbolo que qualquer pessoa pudesse copiar? Seria loucura, não é mesmo? Pois é. Sabemos, por experiência, que há uma segurança razoável para a nossa assinatura feita a mão, mas... qual é a segurança associada às assinaturas digitais que usamos em sistemas de chave pública? Sim, porque a assinatura digital terá valor legal similar ao da assinatura manuscrita. E será que alguém fez um estudo desses e nos mostrou o resultado? Fica como dever de casa: busquem descobrir qual o resultado da análise de risco que foi feita para os sistemas de chave pública.

Mário olhou para o relógio e bateu uma vez sobre ele com o indicador da mão direita. Fez um gesto, indicando que o tempo havia terminado. Arremessou o giz em direção ao quadro verde. O ponto branco descreveu uma curva, bateu no quadro e caiu na canaleta. Lucas lembrou-se do primeiro programa de computador que escrevera, em 1977. Um microprocessador 8080 calculava a trajetória balística de um projétil. Aquilo o assombrara, na época, e, desde então, ele se sentia permanentemente inadaptado à velocidade do ambiente computacional. Nunca mais se sentira a passo com o mundo tecnológico. Suas ilusões terminariam no quarto ano da escola de engenharia.

Mário esfregou as mãos para tirar o pó. Depois, retirou o relógio do pulso esquerdo e passou-o para o direito. Lucas não entendeu, mas era o artifício que Mário usava para lembrar-se de coisas que tinha para fazer. Um bom sistema, com apenas um inconveniente: funcionava para apenas uma lembrança de cada vez.

Capítulo 26

Existe criptografia com boa qualidade?

> *Aqueles que aprovam uma opinião particular chamam-na opinião, enquanto aqueles que não a aprovam chamam-na heresia. Ainda assim, heresia significa nada mais que uma opinião particular.*
>
> Hobbes – O Leviatã.

Ao final da aula, Lucas levanta-se e caminha em direção a Mário. Quatro alunos haviam-se aproximado da mesa do professor e faziam-lhe perguntas. A tal aluna, Lúcia, estava no grupo. Era mais alta do que Lucas havia estimado, talvez medisse quase um metro e oitenta. Lucas olhou-a desde os pés. Ela usava saltos. Não... talvez medisse um metro e setenta.

A garota elogiava a aula, expressava seu interesse e pedia mais informações sobre o assunto. Mário tinha alguns arquivos em seu laptop, contendo listas, textos e informações atuais sobre alguns desenvolvimentos técnicos em criptografia. Ela agradeceu, mas não tinha um disquete onde copiar os arquivos.

— Eu tenho um, aqui comigo. — disse Lucas, interrompendo. Abriu a pasta e buscou, debaixo de alguns papéis, um disquete que havia liberado no dia anterior. Na busca por uma nova etiqueta, ele havia encontrado uma das muito antigas, usadas em discos de 5¼ polegadas, já em desuso por vinte anos. Às vezes, perguntava-se por que ainda guardava essas coisas. E o pior é que se obrigava a usá-las de vez em quando, para provar a si mesmo que eram úteis e compensava guardá-las. Aquela etiqueta, por exemplo, era uma raridade, marca Elephant, tinha o desenho da cabeça de um elefante africano, notório por sua boa memória, uma analogia apropriada com a finalidade dos disquetes.

Lucas usou a borracha de sua lapiseira para apagar algumas inscrições na etiqueta. A garota ficou sem jeito, agradeceu e aceitou o disquete, provavelmente sem conhecer o valor histórico da etiqueta. Levou alguns minutos até Lucas dar-se conta de que ela era provavelmente mais antiga que sua nova dona.

Ao chegarem ao estacionamento, Lucas confirmou a Mário que a Patmo estava pronta para entrar com o pedido de patente do Midas, e o faria na segunda-feira. A Patmo não poderia mais se dar o luxo de aguardar.

—

No instante em que Mário finalizava sua aula, lançando o giz em direção ao quadro, Aira atravessava a porta, entrando no escritório de Carlos, na Radjel. Carlos o aguardava... Chegara mais cedo, atendendo ao chamado pelo celular.

O estrangeiro parecia não ter dormido.

Existe criptografia com boa qualidade?

— Não será fácil decifrar isso, Carlos. Se o programa de criptografia fosse conhecido, teríamos mais chances. De uma forma ou de outra, as resistências e vulnerabilidades do programa seriam conhecidas pelo nosso pessoal. Se tivermos informações suficientes, é possível decifrar. Mas, nesse caso, o programa de criptografia é novo para nós. Provavelmente foi adquirido pela Internet e não deve ser dos mais elaborados... Entretanto, levaríamos muito tempo para decifrá-lo, e temo que até lá a Patmo tenha protocolado seu registro de patente.

— Você quebra mensagens criptografadas, Aira?

Aira sorriu com surpreendente tranqüilidade, invertendo o mau humor da noite anterior.

— Claro que não. Na verdade, estamos apenas acompanhando o processo e fornecendo informações adicionais que possam auxiliar nossa equipe lá fora. Os dados criptografados foram enviados a nossa base, pela Internet. Lá, nosso pessoal, que tem acesso a computadores poderosos, faz o trabalho da "quebra", que é como chamamos o processo de criptoanálise.

— E sempre dá certo?

— Isso está cada vez mais difícil de ser feito, mas ainda é possível, se houver informações e capacidade computacional. Nosso pessoal faz isto o tempo todo. Quando identificamos tratar-se de um algoritmo conhecido e sabemos a língua em que a mensagem original foi escrita, fica mais fácil. Às vezes, é coisa de minutos. Quando o algoritmo é mais complicado, levamos dias, às vezes meses. Procuramos coletar muitas mensagens diferentes, de forma a termos um volume cada vez maior de dados que nos dêem representatividade nos testes estatísticos.

— Isso que dizer que o programa usado pelo engenheiro da Patmo para criptografar dados no laptop era bom? Quero dizer, a qualidade do programa era boa, apesar de ele ter sido adquirido ou baixado pela Internet?

— Sim, parece que o programa é dos bons, usa um bom algoritmo. Ele está aqui, o programa. Nós também o recuperamos, mas não o conhecemos. Estamos procurando-o na Internet, para identificar sua origem. Temos certeza de que o acharemos e conseguiremos decifrar essas mensagens, mas o nosso problema, você sabe, é "quando" e a "que custo". O preço dos nossos serviços cresce bastante quando envolve criptoanálise. Por isso, há um momento em que teremos de desistir, pois deixará de ser compensador continuar tentando...

— Entendo, — disse Carlos, apesar de não estar plenamente convencido. Sua interpretação era que iriam acabar cobrando a Radjel pela simples tentativa da quebra, quando na verdade deveriam cobrar apenas se a conseguissem. Procurou esclarecer-se, da forma mais objetiva possível.

— Você vai cobrar a Radjel por esse trabalho, mesmo que ele não dê certo?

— Não é assim que funciona. Fazemos uma composição de custos. Como ainda estamos dentro das quantias previamente autorizadas pela Radjel, sentimo-nos na liberdade e na responsabilidade de continuar a pesquisa. A partir do limite estabelecido, aí sim, só continuaremos com a autorização de vocês.

Capítulo 27

Meninos e a Internet

O Projeto Midas

Eram oito horas da noite. A sexta-feira havia sido frutífera em alguns aspectos, mas, no geral, parecia-se com todas as outras: um dia para começar a esquecer problemas e preparar o espírito para o fim-de-semana. Lucas teria ainda que trabalhar no dia seguinte porque havia relegado sua rotina de trabalho em prol da investigação sobre a segurança dos dados da Patmo. Ele considerava a probabilidade de um dia ser questionado sobre o que andava fazendo do seu tempo. Teria como resposta um longo discurso sobre suas preocupações com o futuro dos projetos e da competitividade da empresa. Considerava seu interesse como legítimo, e estava plenamente convencido de que seu esforço retornaria resultados positivos. Não sabia quando — nem se — seriam mensuráveis, mas era certo que, ao conhecer o ambiente e o adversário, a Patmo estaria mais bem preparada para sobreviver e prosperar.

Lucas jogou as chaves do carro sobre a mesa da sala e, com a sacola com pãezinhos na mão esquerda, dirigiu-se à cozinha. Ao passar em frente ao quanto de Rafael, viu o menino hipnotizado em frente do monitor. Lucas deu um oi, ouviu outro, e continuou seu caminho pelo corredor até que se lembrou dos pãezinhos que deveria deixar na cozinha. Deu meia-volta e, ao passar novamente pelo quarto de Rafael, notou o frenetismo com que ele digitava. O som de um adolescente ao teclado durante uma sessão de chat é único. O fenômeno é rápido, funciona em rajadas de meio minuto. As batidas de dedos nas teclas são fortes, sonoras e regulares. Aí, há um silêncio, durante o tempo em que ele aguarda a resposta da pessoa do outro lado da conexão.

Lucas entrou no quarto e postou-se ao lado de Rafael, no que seria uma declarada invasão de privacidade, não fosse o prevalecimento da relação de paternidade. As sessões de chat no computador funcionam como um telefonema em conferência, onde vários conversam com vários, seja por voz, seja por teclado. Lucas já lera sobre os perigos que os chats trazem para as crianças e suas famílias. Isso porque adultos mal intencionados podem estar do outro lado da linha, fazendo-se passar por adolescentes, e atraindo-as para armadilhas ou até mesmo perguntando-lhes sobre as identidades, empregos, endereços e hábitos dos seus pais.

Os chats acontecem porque há alguns programas especiais rodando no computador. Estes programas permitem que o computador acesse outros e seja por eles acessado. Como todo software, têm suas vulnerabilidades e trazem a potencialidade da invasão por terceiros, premeditada ou não. Lucas parou de pensar e resolveu iniciar uma conversa.

— Você é o Baygon?

Baygon era o apelido que Rafael estava usando para se comunicar. Enquanto Rafael afirmava com a cabeça e seus dedos batiam no teclado, Lucas lia as mensagens na tela. A maioria não fazia qualquer sentido para ele. Havia outros apelidos incomuns envolvidos na conversa: Antraz, Bregah, Naoh, KrazyRoach, Sucrilhos...

Naquele ambiente da Internet, havia bons e maus sujeitos, como no mundo em que vivemos. Dentre eles estavam os especialistas, que possuíam a habilidade de invadir a privacidade, os computadores, as redes e os segredos de empresas e governos no mundo todo. A Internet era uma nova dimensão, onde aqueles indivíduos viajavam, trocavam informações, atacavam e se defendiam. Era um mundo novo, diferente, com novas regras de sobrevivência, para o qual a Patmo poderia não estar adequadamente preparada.

Sobre a mesa, ao lado de alguns disquetes e CDs, Lucas viu o disco que havia dado à aluna de Mário, naquela mesma manhã. Seus olhos fixaram-se longamente sobre o disco... mas não havia dúvida: a etiqueta tinha a mesma figura da cabeça de elefante e a mesma rasura que ficara após sua tentativa de apagar uma antiga anotação.

Lucas pegou o disco, enquanto Rafael o observava, imóvel.

— Onde conseguiu isso? — perguntou o pai, entoando a voz de forma a que Rafael percebesse que aquela não era uma pergunta comum.

— Com um colega da rede.

— Que colega, Rafael, qual o nome dele?

— Naô!

— O nome, Rafael... esse cara tem um nome?

— Pai... — Rafael gesticulava, como sempre fazia quando achava que o pai não conseguiria entender seus argumentos — ...é um colega do chat. Eu não sei o nome dele. É esse aqui, ó...

Rafael apontou para a tela, para a sessão de chat onde havia o nome Naoh. Para Lucas, aquela era a fórmula química da soda cáustica, o hidróxido de sódio, $NaOH$. Seria uma coincidência enorme, suspeita até, se a aluna de Mário fosse a Naô e estivesse em contato permanente com Rafael, sem ele saber quem ela era. Lucas imaginou que ela poderia estar, a mando de alguém da Radjel, buscando a conexão com Rafael para obter informações sobre a Patmo. Sentiu-se neurótico, mas aliviado por estar considerando todas as possibilidades. Agindo assim, não seria apanhado de surpresa.

Como era mesmo o nome dela? Mário saberia, deveria lembrar-se. Onde está o número do celular dele? Antes de sair do quarto com o disquete na mão, Lucas volta-se para Rafael, que o observava, surpreso.

— O que tem neste disquete, Rafael? O tom de voz era o mesmo, do tipo "você não tem alternativa: responda".

— Eu ainda não abri o disco, mas ele tem dois arquivos. Um deles foi tirado de uma base de dados de uma empresa de telefonia. Com os códigos que estão aí, o pessoal consegue fazer ligações interurbanas de graça, usando os códigos internos da telefônica.

— Isso é ilegal, não é?

— É, mas eu não uso. Isso costuma dar confusão quando é descoberto. Mas se o pessoal não abusar, a telefônica nunca descobre.

— E usam essas ligações para quê? Para conversar? Por que não usam a Internet?

— As ligações são feitas para troca de informações via modem. Se as informações viajarem pela Internet, tudo fica registrado, e fica fácil descobrir quem transmitiu o quê e quando. Nas comunicações por modem, a privacidade é maior, mas a ligação é muito cara, principalmente quando é internacional. A vantagem de usar os códigos internos das telefônicas é que fica fácil entrar lá depois e apagar os registros da ligação, sem deixar qualquer rastro da ligação feita. Tem uns hackers que são muito bons nisto.

Lucas não queria demonstrar o desespero que sentia ao ouvir aquilo. Seu filho parecia plenamente à vontade naquele ambiente, usando aquela linguagem com naturalidade, e seu desejo era proibi-lo, impedi-lo, desligar o computador, até mesmo jogá-lo fora, mas a realidade era outra... O mundo de seu filho era diferente do seu... não... o mundo era o mesmo, para ambos, só que Rafael estava definitivamente melhor adaptado. Lucas convenceu-se de que precisava obter mais informações.

— Quer dizer que, se alguém invadir meu computador, eu terei meios de descobrir quem foi?

— Na maioria das vezes, pai. Os provedores guardam registros de todas as operações. Assim, fica fácil descobrir o que houve. Eu já te falei... a polícia adora investigar estes casos porque é o tipo da investigação fácil de fazer. Em muitos países, os provedores são obrigados a registrar tudo, e fornecer todas as informações solicitadas pela justiça.

— E o segundo arquivo neste disquete, o que é?

— Um programa de criptografia. Também não pode circular na rede, ainda não sei por quê. Talvez sirva para decifrar o arquivo da telefônica. Não sei, tenho que ver. O disquete me foi entregue por um amigo do Naô... ele passou por aqui de bicicleta, hoje à tarde, e me entregou o disco.

— Qual é o seu relacionamento com esse... Naô?

— A gente troca muita coisa, mas eu não me envolvo nos lances pesados, nem invado nada, eu faço isso por diversão e prá conhecer mais sobre os sistemas.

— E o que você dá em troca quando ele te manda coisas como as que estão neste disco?

— Eu sei fazer programas bons. O Naô e os outros fazem as invasões usando os programas que eu faço. Depois eles me contam se conseguiram invadir ou se tiveram algum problema. É um grupo legal. Eu não conheço o Naô pessoalmente, mas conheço o Roach e o Curare.

— Eles não te pedem informações sobre mim e sobre a Patmo?

— Não...

— Mas, através do chat eles poderiam invadir nosso computador e ler informações que eu possa ter gravado aí, não poderiam?

Rafael moveu as mãos, abrindo-as para os lados, dando a entender que tudo era possível.

— Já te ocorreu que esse Naô pode ser uma garota?

Lucas deixou Rafael quieto, olhando para a tela, surpreso com as possibilidades. Buscou a agenda na pasta que estava na sala e ligou para Mário.

Capítulo 28

Unicórnio

O Projeto Midas

> *Uma pessoa é o mesmo que um ator, seja no palco, seja numa simples conversa.*
>
> Hobbes – O Leviatã.

— O nome dela é Lúcia, mas eu vou buscar o nome completo aqui na lista de notas da última prova. Aguarde um instante... Aqui está, Lucas. O nome todo é Ana Lúcia Mascarenhas de Carvalho. É uma aluna mediana, tirou sete na primeira prova do bimestre. Vou tentar descobrir mais sobre ela. Acho que eu consigo algo até amanhã, às dez horas.

— Da manhã? Num sábado?

— Eu consigo, fica tranqüilo.

— Obrigado, Mário. Eu aguardo sua ligação... abraço...

Lucas desligou o telefone e dirigiu-se à cozinha. Ao passar pela porta, estacionou. Seus olhos estavam fixos sobre o disquete que tinha em mãos. Havia algo escrito a lápis na etiqueta do disco, que até então ele pensava serem apenas rasuras. A letra era horrível, mas parecia estar escrito... Macumo?... Umdemo?... Uniformo?...Unicordio?... Unicornio. Poderia ser Unicórnio, apesar de faltar o acento e os pingos nos is.

O cartão que vira sobre a estante na casa de Luciano tinha unicórnios. Unicórnios eram raramente utilizados na cultura brasileira, mas eram seres místicos, populares na cultura norte-americana e, quem sabe, em algumas culturas européias. Ele não tinha mais certeza, mas o cartão estava provavelmente assinado com as iniciais A e P. Uma Ana Lúcia poderia ter assinado o cartão, se sua letra fosse ruim como a do disquete, e se o seu L maiúsculo fosse parecido com um P. Lembrava-se de que não havia um acento, o que não seria de estranhar.

— Rafael! — gritou — O que é unicórnio?

— Ué! É um cavalo com um chifre na...

— Não! Está escrito unicórnio no disquete... o que isso significa prá você e para esse Naô?

— Não sei, pai.

Lucas sabia que Rafael não estava mentindo, por não ser essa a sua natureza. Pegou o telefone da cozinha e discou, surpreso ao descobrir que já memorizara o número.

— Mário, e a letra dessa menina, a Lúcia, como é?

— É péssima, recordo-me bem. Tenho dificuldades em corrigir suas provas.

— Você tem alguma prova ou trabalho que esteja assinado por ela?

—

O telefone tocou às dez. Era Mário.

— Lucas, sou eu. Recebeu meu fax com a assinatura dela?

— Sim. É ela mesma. Eu reconheci o traçado na hora em que vi a assinatura, mas não consigo estabelecer uma conexão entre ela e...

— Não vamos falar sobre isso agora, Lucas. Desculpe interromper... Eu entendi o que você está questionando, e também não consigo fechar a lógica dos fatos. Mas estive pensando em algo...

—

Eram duas e trinta da madrugada de sábado. Lucas acompanhou Mário até o carro e agradeceu a vinda a sua casa, àquela hora da noite.

O sono demorou a chegar para Lucas, como sempre acontecia quando mexia no computador até tarde da noite. Sonhou que dormia em sua própria cama, que a tal Ana Lúcia tinha unhas verdes, e que as mãos dela aproximavam-se, abertas, por trás de sua nuca. Ao se virar, ele perdia a voz e os movimentos, enquanto ela se tornava completamente verde, e apertava-lhe lentamente o pescoço. Lucas acordou. O sonho repetiu-se, ele novamente acordou e virou-se para o despertador. Não mais do que cinco minutos havia-se passado desde que se deitara. Luíza dormia profundamente.

Luciano morrera uma semana antes, talvez naquela mesma hora.

Lucas concentrou-se, como sempre fazia para dormir, nas fascinantes dimensões do Universo. Imaginou-se viajando a galáxias desconhecidas... procurando assistir à geração de outros Universos... com explosões mudas, luzes e calores intensos... Visitou planetas, buracos negros e sóis distantes. Em suas viagens, o silêncio era sempre absoluto. Nunca encontrara outras civilizações e nunca conseguira retornar ao planeta Terra a tempo de impedir a chegada do sono.

Capítulo 29

Toque de Midas

— Há algo novo aqui, doutor. O disco tem um arquivo novo, chamado REG_PATENTE_Midas. Está com data de hoje... sábado... isso mesmo, foi nesta madrugada. O programa de busca identificou doze palavras-chave nele.

Aira desligou o telefone, olhou para o sábado pela janela do quarto, tirou o pijama, vestiu-se e dirigiu-se para o andar térreo, onde estava montada a operação.

— Você disse esta madrugada? Mas... Por que madrugada? Você tem um histórico disto?

Aira não queria demonstrar, mas estava exultante com o resultado da busca. Os cavalos-de-tróia que havia plantado na máquina de Lucas estavam demorando a surtir resultados... até aquele momento. Um deles foi plantado por e-mail, enviado ao endereço de correio eletrônico de Lucas e foi parar no laptop dele. O outro foi implantado no seu computador de casa, com o auxílio de um hacker contratado.

Mas Aira aprendera que precisava ser cauteloso, e que os dados e fatos tinham que se apoiar mutuamente.

— Sim, temos um histórico. O evento começou às duas da manhã. O arquivo foi copiado em claro para o disco rígido, depois foi cifrado usando um desses cifradores tipo... Blowfish, disponível na Internet — já sabemos onde consegui-lo — e depois foi cifrado usando uma senha que também foi interceptada pelo key logger: "Toque de Midas". O arquivo cifrado foi, então, gravado em um disquete e tudo o que estava no HD[1] foi deletado. Só isso. Nada foi enviado pela Internet. Aqui está o arquivo em claro. Foi copiado antes de ser cifrado.

— Os dados vieram do hacker?

— Sim. Chegaram agora cedo, e foram obtidos durante a sessão de chat, na casa dele.

Aira analisou o arquivo a fim de certificar-se de que havia concluído seu trabalho. Ali estava o pedido de registro de patente da Patmo para a substância desenvolvida para preservar os sensores biológicos. Mas faltaram informações sobre o preparo e as propriedades da substância.

— Há ainda um outro programa aqui. — disse Roberto — É um executável, o nome é MIDAS.EXE.

Aira pediu a Roberto que lhe mostrasse novamente o texto do pedido de patente. O texto não fazia referência a um anexo. Aira presumiu que o programa continha dados detalhando o Projeto Midas, e deveria estar cifrado no formato self-extract. Os arquivos cifrados self-extract são programas autodecifráveis, bastando ter-se a chave de cifração.

---

[1] *HD quer dizer hard-disk, o disco rígido que fica instalado internamente nos computadores e que armazena grandes quantidades de dados. Do ponto de vista da segurança, os dado armazenados nesses discos podem deixar de existir de uma segundo para o outro, em virtude de falhas no disco ou a ação de hackers e vírus. A existência de uma cópia de segurança (backup) passa a ser, portanto, fundamental.*

Eles trazem, reunidos em uma peça só, o cifrado e o algoritmo. O tamanho do arquivo era compatível com essa inferência: 98 Kbytes.

Aira estava ansioso por concluir o trabalho, mas sua experiência não permitia precipitações.

— Rode o programa, Roberto. Ele deve pedir uma senha. Tente a mesma senha que usaram para cifrar o texto. Mas antes verifique o conteúdo desse executável. Rode o debug em cima dele e me avise se não for um self-extract.

Capítulo 30

A queda de Tróia

O Projeto Midas

> *Os melhores homens são os menos suspeitos de propósitos fraudulentos.*
>
> Hobbes – O Leviatã.

A noite de segunda-feira cobria de júbilo o escritório central da Radjel, que divulgara na imprensa o resultado de suas recentes pesquisas. O registro da patente achava-se já protocolado nos diversos países em que a empresa tinha negócios. Os mercados de ações haviam respondido com rapidez, e a Radjel tivera mais de seis por cento de alta nas principais bolsas do mundo. Diretores eram cumprimentados e clientes ligavam, interessados em direcionar, para suas necessidades específicas, os possíveis produtos decorrentes da nova descoberta.

Os técnicos da Radjel debruçavam-se sobre as informações do Projeto Midas desde que elas haviam chegado do Brasil, às quatro da tarde de sábado, hora local. Convocados às pressas e obrigados a trabalhar madrugada adentro, os técnicos desconfiavam da eficácia do produto sintetizado pela Patmo. Mas os testes conclusivos levariam algum tempo.

Às onze e trinta da noite, os técnicos identificaram um problema em um dos componentes usados na elaboração da fórmula. A reação não ocorrera como documentado. Diversas tentativas haviam sido feitas, sob condições térmicas e químicas diferentes, mas a reação simplesmente não ocorria. O alerta chegaria à direção quinze minutos depois, no instante em que ela também tomava conhecimento de que a filial do Brasil havia sido indiciada por tentativa de invasão em computadores de organizações públicas e privadas em diversos países, e deveria responder a pelo menos 5 processos criminais. Só então, no início da madrugada de terça-feira, a Radjel dera-se conta da realidade dos fatos a que se expusera.

—

Ao final do jornal na TV, Mário resolveu reunir alguma coragem e fazer uma ligação. Estava ainda sonolento pela noitada de sexta-feira, em que ele e Lucas decidiram plantar uma armadilha no computador da casa de Lucas para atrair a atenção dos hackers da Radjel. Rafael ficara encarregado de continuar a usar o chat por tempo indeterminado enquanto deixava em seu computador uma isca preciosa: um arquivo com dados falsos sobre o processo usado pela Patmo no Projeto Midas. Se a Radjel furtasse os dados, eles serviriam apenas para confundir e gerar descrédito.

Mário discou para o número de telefone que encontrara no guia telefônico de Brasília, sob o nome de Amanda Ramos, o mesmo nome que vira na conta telefônica sobre a mesa da recepção, no escritório de Lucas. Ele achava incrível que guias telefônicos mostrassem os endereços dos assinantes, certamente uma vulnerabilidade individual institucionalizada, mas já absorvida pela cultura brasileira.

Lucas havia-lhe confirmado que não desaprovava a investida sobre sua secretária, embora o alertando de que se lembrava de ela ter ido a uma festa do escritório com um namorado, alguns meses antes. Mário sentia-se inseguro. Antes do último dígito, parou. Seria melhor aguardar uma oportunidade melhor.

O cavalo-de-tróia implantado por Rafael, na noite de sexta-feira, estava em um arquivo anexo. Quando executado em um computador, o programa instalava-se automaticamente, tornando-se residente, e aguardava uma conexão com a Internet. Assim que a conexão se completasse, e Mário previa que isso aconteceria mais cedo ou mais tarde — pois os arquivos teriam que ir para a análise da Radjel —, o programa dispararia ataques contra organizações integrantes do sistema financeiro americano e europeu, além do FBI, sites militares, de agências anti-drogas, e causando negação de serviço em alguns sites populares. Rafael fez questão de aproveitar a oportunidade e bombardear alguns sites que costumavam enviar-lhe pilhas e pilhas de correspondência comercial pela Internet, os spams[1]. Dali a algumas horas, alguns spammers receberiam, via Radjel, um recado anônimo de Rafael.

Mário havia ainda insistido com Rafael para que ele também incluísse a NASA na lista de sites sob ataque — a NASA é um dos alvos prediletos dos hackers — mas ele se recusara, alegando temer que algum satélite se desprendesse da órbita e caísse sobre ele.

Nos intervalos da TV-a-cabo, ele pensava no que estaria acontecendo à Patmo e à Radjel, naqueles exatos instantes. O processo de competição era sempre contínuo e dinâmico, levando a novas situações, e ele não tinha meios de saber se a armadilha funcionara, ou se o pedido de patente da Patmo fora oportuno e anterior ao pedido da Radjel. Sequer sabia do paradeiro do laptop. Na verdade, via-se inseguro a respeito de tudo, pois pouco sabia sobre quase nada. Restava-lhe aguardar os acontecimentos e iniciar, o quanto antes, a implantação do plano de segurança da Patmo, para o qual fora contratado.

Foi deitar-se pensando no que diria a Amanda quando ligasse para Lucas, no dia seguinte. Mas pensou pouco, porque adormeceu logo. Sonhou com uma casa inexistente e, ao mesmo tempo, familiar. Nos fundos da casa havia um campo muito vasto, que terminava em um horizonte onde raios caíam sem parar, sem produzir qualquer som. Em pé, próximo a uma cerca de madeira, ele observava, imóvel, os clarões azuis nascendo das nuvens grafite. Um vento forte tirou-lhe o equilíbrio e escureceu o céu, segundos antes de um raio pintar o mundo em branco e preto, por um longo instante. A noite ficou novamente em silêncio, e Mário passou ver a imagem de sua face, com movimentos lentos, suspensa em meio às estrelas, tentando dizer alguma coisa. Tentando gritar. Tentando voltar.

---

[1] *Spams assemelham-se àqueles papéis de anúncios e ofertas comerciais não solicitadas que encontramos freqüentemente em nossa caixa de correio. O mesmo acontece na Internet, onde nossa "caixa de correio" fica atulhada de mensagens não solicitadas, em enormes quantidades e com conteúdos muito mais agressivos, em razão do baixo custo e da anonimidade proporcionados pela grande rede.*

Capítulo 31

O convite

— Sim, Amanda...

— Um senhor Aira Larsen, de São Paulo.

— Aira Larsen? Eu atendo... Alô?

— Doutor Lucas Abrantes? Bom dia. Não nos conhecemos pessoalmente, mas eu gostaria de convidá-lo para um almoço de negócios, digamos... amanhã, quarta-feira, aí em Brasília, se for de sua conveniência.

O sotaque surpreendeu Lucas. Parecia europeu. Definitivamente, não era norte-americano.

— Sim, mas... eu gostaria antes de saber o assunto...

— O Midas, doutor Lucas. O Midas...

—

— Alô... Amanda? Aqui é Mário. Bom dia. Tem um recado do Lucas aqui na minha caixa do celular, dizendo que alguém ligou para ele, sobre o projeto... Ele acha que tem algo a ver com a Radjel. Eu estou retornando a ligação...

— É o Mário... do biscoitinho?

Ele sorriu. Pensou em dizer "— Eu mesmo."... Não, muito simples. Pensou em fazer alguma associação com algum outro doce... seria uma forma de dizer a ela que a achava doce... um quindim, um geléia... Não, muito agressivo: geléias são usadas sobre os biscoitos. Se não dissesse nada, passaria por abobado. O que estava havendo com ele, afinal? Azar seu, não ter planejado esse diálogo. Ora, planejamentos são importantes, mas planejar uma conversa com um garota é absurdo. Para sua sorte, ela continuou.

— Desculpe a brincadeira, Mário, mas você sabe que foi você mesmo quem começou. Ontem mesmo eu estava rindo sozinha dessa história dos biscoitinhos. Olha, o doutor Lucas não está, mas pediu-me para dizer que terá um encontro amanhã, aqui no escritório, com uma pessoa que deve ser da Radjel. Ele só queria avisá-lo, porque talvez houvesse alguma instrução especial sua...

— Não... nada especial, a não ser o cuidado com gravadores de bolso. Eu já expliquei isto a ele.

— Eu vou anotar... e deixar na mesa dele.

— Anote também: almoço hoje com Mário.

— Ele não vai poder... que eu saiba, ele já tem um compromisso.

— Não é com ele. É com você.

Apesar do receio de que ela recusasse, Mário saboreou todos os quatro segundos de silêncio que ela lhe proporcionava.

O convite

— Hoje, não posso. Tenho que almoçar em casa. Já combinei com minha irmã. Mas amanhã eu posso...

—

A quarta-feira ameaçava chuva. O céu estava claro, mas o horizonte estava escuro, carregado, para os lados do Norte. Aira chegou pontualmente, mas pediu a Lucas que se dirigissem à cafeteria do prédio, no térreo. Lucas sabia por quê. Era o receio de gravadores e escutas fixos. Naturalmente, Lucas poderia estar portando um pequeno gravador, mas para isso existiam detetores, pequenos aparelhos capazes de dizer se a pessoa a quem apertamos a mão está usando algum equipamento eletrônico. Isso não preocupava Lucas. Ele não pretendia falar nada que afetasse o sigilo dos trabalhos da Patmo.

— Não sei quem o ajudou, doutor Abrantes, mas foi um excelente trabalho. A Patmo aprendeu rápido. Apesar do valor de nossa empresa ter caído no mercado — foi um grande choque para nós —, estamos querendo ampliar operações no Brasil e gostaríamos de contar com pessoal competente. Talvez possamos trocar informações nesse campo, em benefício mútuo. Podemos inclusive organizar trabalhos conjuntos.

— Você se refere à Radjel?

Aira não abriu a boca, mas acenou afirmativamente com a cabeça.

— Nossa reputação foi abalada, doutor Abrantes. Esse é um mercado pequeno e todos... quase todos se conhecem. Sou um consultor e recebi instruções de produzir uma aproximação... com uma empresa madura e competitiva, em busca de um benefício mútuo. Claro, se houver interesse de sua parte.

— Sei, em princípio sim, senhor Aira. Mas eu tenho chefes... eu os consultarei a respeito. Deixe seu telefone. Mas, eu tenho uma pergunta... só para confirmar... Luciano passava informações a vocês?

Houve um esperado silêncio. Lucas sentia-se vitorioso. Olhando para os olhos de Aira, como se fosse um jogador de pôquer à espreita de um vacilo... Aira usou um movimento da cabeça para negar.

— O Unicórnio existe desde quando? — Lucas abriu o paletó, como se mostrasse que estava desarmado. Aira entendeu que ele não portava gravadores ou transmissores.

Aira fitou os olhos de Lucas.

— Desde o Projeto Sucuri. As coisas funcionaram bem até que o doutor Luciano passou a usar medidas básicas de segurança, há uns seis meses. Criptografia... restrições nas conexões da Internet... não abria e-mails no laptop de trabalho e assim por diante... Foi quando ele aprendeu coisas sobre segurança da informação. E foi quando tivemos que buscar métodos mais agressivos de busca.

— E sobre... ela?

As mãos de Aira começaram a se mexer.

— Sim... ela... Por favor, eu lhe peço... é uma questão de sentimento humanitário. Estávamos em uma guerra de informações... é uma guerra... e é natural que haja vítimas. Ela ainda não compreende claramente o que aconteceu, e culpa-se muito. Sabe como é, as pessoas querem dinheiro, querem conforto, querem viajar, querem posição social... Nossa civilização ocidental põe o dinheiro à frente de tudo, e mesmo aqueles que têm plena consciência de seus objetivos podem eventualmente sucumbir a ele.

— De que culpa você fala? Ela não me pareceu transtornada em momento algum e, até sábado, estava ainda trabalhando ativamente para vocês...

— Eu não falo com ela há vários dias... acho que desde terça-feira. Mas, ela se culpa pela morte do doutor Luciano. Ainda não consegue desconectar os fatos. Não consegue ver que nosso trabalho, o grupo Unicórnio, nada teve a ver com a morte do marido.

Lucas permaneceu imóvel, tanto quanto possível para alguém que entra em choque. Não podia denunciar-se, mas estava entendendo que Helena tinha participação ativa em tudo aquilo, desde o Projeto Sucuri e até, pelo menos, a data da morte de Luciano. Estaria provavelmente conectada a Soda Cáustica — esquecera o nome da menina — já que não mais conseguia extrair informações das anotações e do computador do marido. Com a ajuda da hacker, ela teria uma chance maior de obter as informações diretamente dos sistemas da Patmo ou do computador de Luciano. Sim, claro... E ela poderia ter informado à Radjel que o laptop sumira... o que teria feito com que eles chegassem ao equipamento antes mesmo da polícia.

— Quanto vale esse trabalho, Aira? Quero dizer, vale mais do que a confiança entre um casal?

— Eu não trato desses detalhes, senhor Lucas, mas vale muito. As ambições das pessoas nem sempre são por dinheiro, principalmente no caso das mulheres. O que eu disse sobre a... viúva do doutor Luciano, sobre o dinheiro, viagens... pode não ser verdade. Cada um tem suas motivações, e eu não conheço as dela. Mas eu lhe pediria que a deixasse em paz com a sua dor.

— Mesmo porque, se ela resolve falar tudo, as coisas podem ficar bem feias para vocês, certo?

— Temos nossas precauções, prezado doutor. Ela sequer me conhece.

Capítulo 32

> *O Futuro, como uma ficção da mente, aplica as seqüelas*
> *de ações do Passado às ações do Presente.*
>
> *Hobbes – O Leviatã.*

— Você está rindo de quê?

Lucas surpreendeu-se com a pergunta. Estava sozinho na sala de jantar, preparando um sanduíche, e Luíza, que acabara de chegar da cozinha, não teria como identificar seu estado de ânimo com tanta rapidez.

— Nada, não... estava lembrando daquela história que o tio Max contou, lá da fazenda do amigo dele...

— Eu não ouvi essa...

— O amigo dele tinha uma fazenda. E quando lhe perguntaram quantas vacas ele tinha, respondeu:

"— Eu tenho só duzentas..."

"— Nossa... mas duzentas vacas é um rebanho considerável!"

— Não... não... é que minha vaca se chama Duzentas".

Enquanto ela ria, Lucas buscava descobrir uma forma de invadir-lhe a mente e decifrar seus pensamentos, de descobrir qual a motivação que faria Luíza trair sua confiança e vender segredos para uma empresa concorrente. Ela e Helena eram amigas, e costumavam telefonar-se... talvez até costumassem encontrar-se sem seu conhecimento.

Não custava tentar. Poderia apenas espioná-la, ou simplesmente perguntar. A resposta de Luíza, ou o olhar que ela fizesse, ou sua reação, de uma forma geral, poderia modificar a relação futura. Pensou que seria melhor não perguntar. Olhou para a mulher, enquanto ela colocava uma fatia de queijo sobre o prato. Antes de decidir, testou uma pergunta em sua mente:

"— Luíza, uma pergunta... Você já ouviu falar no... unicórnio?"

Pensou em outra forma...

"— Luíza, você sabe o que é unicórnio?"

Ela olhou-o, animada.

— Você não sabe da maior... Artur está radiante. Está em primeiro lugar no ranking do Distrito Federal no Counter-Strike, aquele jogo de computador em que uns guerreiam contra os outros através da Internet... e parece que vai disputar um torneio nacional que está sendo organizado...

O convite

Artur era fanático pelo tal jogo. Lucas já o vira jogando, matando bandidos, terroristas, policiais, soldados, seus amigos da rua e até Rafael, usando pistolas, fuzis, metralhadoras e granadas... um tipo de "Polícia-e-Ladrão" cibernético. Ele era bom, mesmo. Lucas concluiu, com ironia, que aquela seria uma das formas menos perigosas de utilização da Internet.

A questão do Unicórnio voltou-lhe à mente. Preferiu pensar no assunto depois do jantar. Estava confiante de que encontraria uma forma alternativa de obter a resposta, mesmo sem fazer a pergunta.

—

Mário estava exultante: a Patmo estava satisfeita; a conta bancária dele iria melhorar bastante, com o contrato anual que a empresa lhe propusera; a radjel estava de joelhos... e Amanda chegaria em dois minutos.

Cinco minutos passaram-se e... nada. Ele já abandonara consultórios médicos por atrasos de vinte minutos no atendimento, já largara um cliente que o fizera esperar trinta minutos, mas esperaria toda a tarde por aquele almoço. Se bem que estava com muita fome. Sim, ele esperaria a tarde inteira se pudesse fazer um lanchinho antes. Ela surgiu na porta do prédio com um atraso de dez minutos.

Almoçaram comida chinesa e água mineral. Amanda era mineira, de Belo Horizonte. Parecia estar de bem com a vida, havia concluído a faculdade de Letras na UPIS e morava com a mãe e uma irmã. Chegou a mostrar as fotos da família, incluindo um cachorrinho Poodle, raça que ele apreciava detestar.

As fotos não queriam voltar para a carteira. Ela tirou mais alguns papéis e documentos para reorganizá-los e obter mais espaço. Um deles era um cartão dobrável, que em sua face tinha a figura de um unicórnio correndo sobre uma ravina florida.

Mário não dava atenção aos papéis. Admirava todos os gestos de Amanda. Achava-a cada vez mais linda.

ÍNDICE

A

160 bits, 136
AC, 145
AIAI, 62
Aira Larsen, 88
Algoritmo, 124
Artur, 9
Assinaturas digitais, 135

B

Baygon, 156
Bioeletrônica, 11
Bit, 124
BMW, 116
Bruce Schneier, 58

C

Calibre 22, 5
Campo da Esperança, 14
Cartão de natal, 44
Cavalo de tróia, 14
Cavalo de tróia, 44
Charles Darwin, 49
Charles, 10
Chave privada, 131
Chicago, 88

Chile, vii
Cifra, 125
Clube de golfe, 78
Competitividade, vii
Computadores interligados, vi
Corporate Center, 40
Correio Braziliense, 31
Crack, 43
Criptografia, 121
Cuba, vii

D

DDos, 79
Detectar odores, 23
DNA, 31
Dom Orione, 78

E

Echelon, 36
Espionagem, 78

F

FGV, 106
Firewall, 24
Foz do Iguaçu, 31
Franco Rossi, 82

G

gerador de chaves, 138
Gestão de segurança, 72
Gravação telefônica, 10
Grupos de discussão, 64
Guerra de informações, 61

H

Hacker, vii
Hash, 136
Hd, 166
Helena, 4
Hesdras, 102
Hobbes, 101
Home banking, 43

I-J

IBM, 107
IDS, 58
IML, 14
INPI, 106
Inteligência competitiva, 90
IP, 8
Júlio Verne, 51

K-L

Khan, 69
Kit liofilizado, 23
Lago Paranoá, 51
Laptop, 4
Liofilização, 23
Lisandro, 122
Lucas, 9
Luciano, 4
Luíza, 14

M

Macumo, 1652
Mark, 30
Marketing, vii
Mastiffs, 18
Mata Hari, 95
Mortuários, 30
MPT4LEC28R, 43

N

Nanotecnologia, 24
NASA, 171
Netscape, 145
NSA, 37

O-P

One time key, 125
Patentes, 105
Patmo química, 4
PATMODB.EXE, 65
PGP, 9
PIB, 108
Planalto Central, 12
Portas-dos-fundos, 65
Produtos biológicos, 11
Programa-fonte, 85
Projeto Midas, 12
Projeto Sucuri, 11

R

Radjel BC, 11
Rafael, 10
ROI, 45

S

Salvo pelo gongo, 30
Santos Dumont, 107
Século xxi, viii
Segredos institucionais, vi
Segurança da informação, vi
Self-extract, 167
Sistema simétrico, 124
Sites, 9
Sniffers, 10

software livre, 139
Sos, 50
Spams, 171
SSL, 144

T-V

Tecido biológico, 23
The code breaker, 69
Utah, 23
Viagem Insólita, 24
Vírus, 78
Vítima, 14

Impresso nas oficinas da
SERMOGRAF - ARTES GRÁFICAS E EDITORA LTDA.
Rua São Sebastião, 199 - Petrópolis - RJ
Tel.: (24) 2237-3769